“輪”をつなぐ“和”で

「島はち」診察室100のものがたり

小沢浩

クリエイツかもがわ
CREATES KAMOGAWA

発刊に寄せて

日曜の夜は、明日からの仕事を思い、気持ちのスイッチを入れ替えている方も多いと思います。そんな夜中に、差し出された温かい手がすっと背中を押してくれるようなメールが届きます。「今週の一言」です。「今週の一言」は、小沢先生が毎週日曜日の夜に送ってくれるメッセージです。これを受け取られた多くの方もきっと感じておられると思いますが、私は何回も小沢先生に「これ本にしやはったらよいのに……、絶対売れますよ」と言ってきました。そして願いがかなってとうとう発刊になりました。小沢先生を直接知らない多くの方々にも愛される本になると思います。

小沢先生との初めての出会いは、２０１１年10月20・21日の1ST ASIA-PASIFIC REGIONAL ROUND TABLE MEETING KYOTO, JAPANでした。懇親会のお手伝いをさせていただき、お話しする機会を得ました。正直、その時にはこんなに長く濃いおつきあいになるとは思いませんでした。今でもよく小沢先生からも言われることですが、「小沢先生と私は同じ匂いがする」というのが第一印象です。「同じ匂い」というのは、「直感的に行動する」、「初対面の人も含め、人とつながるのが好き」、「厳しい環境にある人がおられたら、その人を和ませるには自分に何ができるかとつい考えてしまう」……などです。そのようなことで、この本の中に書かれている福島県相馬市の皆様と一緒におこなった「相馬あくりるたわし」の取り組みや、ベトナムの障がいのある子ども達の支援のための国際協力活動にお誘いしました。そして、私がＪＩＣＡ（独立行政法人国際協力機構）の招へい研修でコースリーダーをしている時に、視察先として島田療育センターはちおうじに何度か海外の政府や医療・福祉関係者を快く受け入れていただきました。そのような活動をするために何度も相馬市、東京、そしてベトナムでお会いしましたが、いつも小沢先生のお人柄にさらにほれ込んでしまいます。

私は、昔、26年間特別支援学級の教師をしていました。その時に子ども達からミクロの発達をしっかり見つけることが大事だと教わりました。小沢先生の「今週の一言」を拝読していると同じことを教わります。相手が大人であろうが、青年であろうが、子どもであろうが、小さな心のさざ波のようなものをすばやく見つけて、そこをとっかかりに相手の心にすっと寄り添う姿勢が見て取れます。もちろん大学医学部の授業で医学生に手品を少しマスターしておいたら良いですよ！　なんて教えませんから、小沢先生のもって生まれた素質や育った環境の中で、とっかかりを見つけだす力や寄り添うやさしさを身につけておいでになったのだと思います。これはまさに「小沢マジック」だと思います。『〝輪〟を〝和〟でつなぐ――「島はち」診察室１００のものがたり』の中に、いくつ小沢マジックが効いているかと思いながら読んでいただくのも一興かもしれません。

対面のコミュニケーションが少なくなった今の時代だからこそ、世のなかの人たちが「小沢マジック」にかかって、人の痛みに寄り添い支えあえるきっかけを得ていただきたいと思っています。

国際母子手帳委員会　事務局長
NGOベトナムの子ども達を支援する会　事務局長
板東あけみ

はじめに

―「輪」を「和」でつなぐ―

この理念のもと、２０１１（平成23）年４月に、島田療育センターはちおうじは歩みを始めました。新しくセンターを立ち上げるのは困難を伴いますが、３月に大震災が東北を襲い、日本中が混乱している中、計画停電への対応など、私たちは暗中模索で準備を行いました。


理念のために、何をすべきなのか。

それは、まず職員をつなげることだと考えた私は、毎週月曜日に、「今週の一言」というメッセージを、職員に送り始めました。

それから、「今週の一言」は、名刺交換をさせていただいた外部の方にもお送りすることになり、その輪は広がってきました。


水面《みなも》に放たれた一つの石。

その石がまっさらな水面に波紋を描いていく。

その石は、「子ども」である。「家族」である。

その波紋は、はじめは小さいけれど、ゆっくりと広がっていく。

大きな輪をかもし出していく。

その「輪」を和みの「和」でつなげる。

そして、笑顔の「輪」で包み込んでいく。

「輪」をつなげるのは、私たちである。

医療・教育・福祉・行政・地域など、「子ども」「家族」に関係するすべての人々が「輪」をつなげていく。

「輪」が大きくなると、「和」のつながりをさらに強くしていく。


―「輪」を「和」でつなぐ―

のイメージです。


今回、そのメッセージを一冊の本にまとめてみました。

この物語は、登場してくる人物が特定できないようにするため、事実をもとにしたフィクションにしていて、名前も仮名にしています。

掲載許可のお願いに原稿をお送りした方からは、「生きた証を残していただき、ありがとうございます。」というお言葉をいただき、そのたびに身の引き締まる思いをしました。

一つひとつの物語が、私を育ててくれました。

その物語を一人でも多くの方にお届けできれば幸いです。


島田療育センターはちおうじ所長・小児科医師　小沢　浩

もくじ

発刊に寄せて 003 ／ はじめに 005

001 リーダーシップ 010 ／ 002 バウムクーヘン 012 ／ 003 診断 015 ／ 004 脱走 017 ／

005 命の限りを知ったとき 018 ／ 006 指しゃぶり 021 ／ 007 戻ってくる場所 022 ／

008 かわへのうらみ 025 ／ 009 障害児医療40年 027 ／ 010 むそう 030 ／ 011 野球の道は 人生の道 033 ／

012 すいか 036 ／ 013 素直 037 ／ 014 ライダーキック 039 ／ 015 光 040 ／

016 子どもたちを信じましょう 042 ／ 017 5歳の七五三 043 ／ 018 しあわせの道 044 ／

019 家庭訪問1 046 ／ 020 家庭訪問2 048 ／ 021 かわいい 050 ／ 022 マイナス4点の理由 051 ／

023 大人ごっこ 054 ／ 024 夫婦磁石論 056 ／ 025 目の前にある必要なことをやりなさい 057 ／

026 映画 060 ／ 027 疲れることはいいこと 062 ／ 028 強さ 063 ／ 029 虐待は連鎖しない 064 ／

030 うまいっ！ 067 ／ 031 このままでいい 070 ／ 032 おしまいはダメ 071 ／ 033 東大物理 073 ／

034 いい子育てしているね 075
035 わたしはあなたを愛している 076
036 うそと言い訳 079
037 笑わせるつもりだったのに 080
038 意地 081
039 社会貢献型ADHD 083
040 啐啄同時《そったくどうじ》 084
041 心の鏡 086
042 ベビーベッド 088
043 ママ 089
044 ありがとう作戦 091
045 毎日の電話 093
046 生まれてきてくれてありがとう 095
047 わろうてる 097
048 いい夫婦の日 098
049 香車《きょうしゃ》 099
050 ぎゅーしてくれる 102
051 私の話だって、いいところなんだから 104
052 落ち込むのも悪くない 105
053 娘のためにすべてがあった 107
054 三つのパターン 109
055 一文字メモ 111
056 以和為貴 112
057 respect（尊敬）の心をもって診ること 114
058 8年ぶりの診療情報提供書 116
059 発達障害って、なんでしょう? 118
060 ダンゴムシ 120
061 ありがとう作戦ゲーム 122
062 人のため 125
063 宿題 127
064 相馬ふるさとプロジェクトに参加して 129
065 場面緘黙《かんもく》 130
066 子ども食堂 133
067 お母さんに謝れ！ 135

068 仲間になる 137／069 ゲーム 138／070 夢ふうせん 139／071 子どもはみている 140／
072 ケニア 141／073 脱毛クリーム 145／074 ぴっぽちゃん 146／075 誇り 147／
076 汗のなやみ 149／077 可能性は無限大 151／
078 同じ親のお腹から生まれたとは思えない 153／079 勉強しなさい 155／
080 リラックスタイム 157／081 おかたづけ〜♪ 159／082 自信をもてる 160／
083 土日にあれる 164／084 たわいのない話 166／085 できすぎも大変 168／
086 お母さんのおかげ 170／087 不安 171／088 集団指示 172／
089 勉強が苦手な個性 174／090 泣く 175／091 クッキー 176／092 すごいねー 177／
093 行動実況中継賞賛法 179／094 あのときを乗り越えたから今がある 181／
095 手紙 184／096 ひらがなの宛先 186／097 シール 188／098 北風と太陽 190／
099 ブラームスの子守唄 193／100 叱る 195
あとがき 199

リーダーシップ

私には一つの疑問がありました。

それは、島はちのレントゲン撮影のことです。レントゲン撮影のときには、技師さんは一人で撮影します。抑えなどの人手を求めません。私は、そのことを技師さんに聞きました。

すると「いや〜」と言いながら、教えてくれました。

「人って、息を吸っているときと息を止めているときは、力が入るんです。

そのときは、介助の力を入れないんです。

でも、息を吐いたときは力が抜けるので、そのときに介助の力を入れれば暴れなくなります。
お母さんが、必死に抑えようとしているのを見ると、
『お母さん、肩の力を抜いて』
って声をかけるんです。
2〜3分待つと、みんな落ち着いてきます。
そして、お母さんが外で待ってもらっているときに、
ほっとしてもらえるように、絵を飾ったり、音楽を
かけているんです」
皆さんはお気づきでしょうか、
放射線の待合室を。
その空間は、トトロでいっぱいの空間です。癒しの
空間です。
このような積み重ねが、島はちをつくっているのです。
一人ひとりのリーダーシップの大切さ。最後は人。
主体性を発揮する文化をつくっていきましょう。

バウムクーヘン

いつきくんと出会ったのは、私が出向いた乳児健診のときでした。顔色が悪く、聴診すると心臓の収縮期雑音がはっきりと聴取され、異常があるのは明らかでした。私は、小児循環器科のある病院を紹介し、翌日受診してもらいました。

診断はファロー四徴症（先天性の心疾患で、唇や爪の色が青紫色になるチアノーゼや呼吸困難が強くなる発作を起こすため、早期の外科手術が必要になる病気）。必死に治療し、何とか手術にこぎつけ、長い入院のあと、やっと退院できました。

そのときは、ご両親が一緒になって必死に看病をしていました。

時は過ぎ、しばらくして再びお母さんといつきくんがやってきました。

いつきくんは、うつむきがちで、何を聞いてもお母さんのほうを見るばかり。

お母さんは、勉強ができない、あいさつができない、言いつけを守らないなど、できないことを並べ立てます。

その間、いつきくんは、うつむいてうなだれたまま微動だにしません。

私は、お母さんに聞きました。

「いつきくんのいいところは？」

しばらく考えたのち、お母さんは一言だけつぶやきました。

「……やさしい」

私は、言いました。

「そこをほめましょう。自信をもたせましょう」

と。それを聞いたお母さんは、急に顔色が変わり、私をにらみつけました。

「何をほめろっていうんですか。私のせいだというんですか。どの本読んでも、ほめろほめろって、ほめるって一体何なんですか！」

お母さんは泣き崩れました。

お母さんは、もがいていました。

どうしたらいいかわからないイライラを、知らず知らずのうちにいつきくんにぶつけていたのでした。そして、初めて私にもぶつけてくれたのです。私は、

「ごめんね。もうほめなくていいよ。そのかわり、何かしてくれたときには、ありがとうって言おう」

と伝えました。

しばらくして、お母さんは、お父さんと家でまったく話していないことを語ってくれました。以前は、あれだけ二人で必死だったのに。

いつきくんを愛するが故の教育方針の違いからでした。いつきくんは、その間を取り持とうと必死でした。

「今日は、ママと寝る」

「今日は、パパと寝る」

「ママがいいの」

「パパと遊ぶ」

出口の見えないトンネルから、この家族がどうしたら抜け出せるのか私にはわかりませんでした。

お父さんに来てもらうように伝えましたが、伝え方はメモだけ、来院する日は、お互いが重ならない

ようにというとても奇妙なものでした。

クリスマスプレゼントとして一緒に食事をとる、お正月を10分でいいから同じ部屋で過ごしてみるなど、いろいろ提案しましたが、すべて空振りに終わりました。そんな状態が3年は過ぎたでしょうか。

私は、ついに
「別居して、お互いを見つめ直しなさい。そのあとで、離婚するもよし、もう一度やり直すもよし。とにかく今の状態をやめなさい。いつきくんにとっては何にもならない。苦しめるだけだ」

と強い口調で責めてしまいました。

それからしばらくして、その日は訪れました。夫婦で外来に来たのです。

聞けば、お父さんが交通事故にあい、お母さんに電話をして来てもらい、助けてもらった。その帰り道、お父さんから
「もう一度、やり直さないか」

と言ってきてくれたというのです。

お母さんは、私にプレゼントを差し出しました。バウムクーヘンです。

「いつきが生まれたときに、みんなに配ったんです。この年輪のように歳を重ねて生きてほしいって。今回は、私たち家族にとって二度目の出発なんです」

「バカ、バカ」

が口癖だったいつきくんのつぶやきもいつしか消え、うつむくこともなくなりました。

いつきくんは、それから両親の愛に包まれて、成長していきました。

003/100

診断

外来に、ただしくんが来ました。急に体が動いてしまい、チックと言われていましたが、チックは1年前に消失。友だちとの関係が心配ということでしたが、ただしくんに聞くと友だちも多く、学校で困っていることはないとのことでした。WISC－Ⅲという知能検査も偏りはありましたが平均レベルで、一体なんで外来に来たのかわかりませんでした。でもお母さんは大きい病院を2か所も回っていて、島はちが3か所目でした。お母さんだけにしようと、ただしくんに外に出るように促すと「僕がいると話しにくいことなの？」と状況理解もよさそうです。

お母さんに「何も困っていることがないから大丈夫ですよ。お子さんを信じましょう」と言って、外来を終えようとしたそのときに、お母さんは一言いいました。「この子、アスペルガーではないんでしょうか」。私が「アスペルガーではありません」と言ったとたん、お母さんは大粒の涙を流しました。聞けば、WISC－Ⅲの結果から発達障害かもしれないと言われ、その一言が気になって、心配で心配でということでした。

私は、発達障害と診断された子を殺してしまった母親のことを思い出しました。その子を診たことがある医師は、「その子は、全然大したことはなくて、まさか殺すとは思わなかった」と言っていたそうです。でも、そのお母さんは何か所も相談に回っていて、最後は我が子に手をかけてしまいました。

私はときどき外来で
「この子の障害は重いんでしょうか。軽いんでしょうか」

と聞かれます。そのときにはいつも答えます。

「お母さんが重いと思ったら重い。軽いと思ったら軽い。障害の重さは、お母さんの心が決めることだと思う」

と。


大粒の涙を流したただしくんのお母さんは、2日後に脳波の説明を聞きに来ました。そのときには何回も笑ってくれました。

島はちの門をたたく人たちは、みんな大きな不安を抱えています。その不安を我々の何気ない一言でさらに暗い闇におとしいれてしまうことも多いと思います。子どもの視線、家族の視線で考えることが大切ですね。

004/100

脱走

ある施設に入所している、中学校を卒業したあかねちゃんの話です。あかねちゃんは、数年前は施設から脱走を繰り返していました。理由は一つ。お父さんに会いに行くためです。お母さんは、ときどき電話をしてきては「会いに行くからね」と約束します。でも来るのは10回に1回もありません。電話のあとは「お母さん来る。お母さん来る」と言って、あかねちゃんはずっと待ち続けます。でもいつも裏切られます。その寂しさをうめるため、居場所のわからないお母さんのかわりに、血のつながっていないお父さんに会いに脱走を繰り返すのです。でも、お父さんのいるところは、遠くてとても歩いていける距離ではありません。のどが渇き、お腹がすいたときにいつもコンビニで盗みを行い、保護されるのです。裸足のまま脱走してしまい、保護されたこともありました。中学でも脱走を繰り返したために、高校に行くことはできませんでした。そのため個室で過ごし、職員と一緒のときしか部屋を出ることができません。何とか外出の機会を増やそうと、月1回の外来受診となったのです。あかねちゃんは、「私、悪い子。盗んじゃうから。いなくなっちゃうから。でもこれからいい子になる」。この言葉を何回も何回も繰り返します。私は、「あかねちゃん、花好き？　育ててみる？」と聞いてみました。「うん、お花好き！　お花育てる！」と目を輝かせました。私はすぐに花壇に連れていきました。花壇にはマリーゴールドなどの芽がいっぱい出てきています。一緒に選ぼうと思ったその瞬間、3時になってしまいました。次の外来の診察が始まってしまうので、私は花壇の師匠でもある守衛さんにお願いし、外来に戻りました。

花の息吹に命を感じます。花は希望です。希望の花が咲きほこるように見守っていきたいと思います。

005/100

命の限りを知ったとき

私の大学の先輩の話です。

私は、医師2年目のとき、新生児科で働いていました。

新生児科はとにかく忙しい。当直は月7回、また当直と同じ数だけ救急車の搬送当番があり、超低出生体重児の主治医になったときには、1週間は病院に泊まり込む生活でした。

要領が悪い私は、病棟の仕事が終わるのは午前0時近く、それから毎日五つは出される宿題との格闘で、すべてが終わるのは午前3時をまわっていました。

その間、一緒に働いていた先輩は何も言わずに病棟にいて、ときどき

「こんなのがあるんやけど」

と宿題のヒントになる論文を差し出してくれました。

それから必ず

「夕飯食べてないやろ。食べに行こうか」

と宿題が終わると、深夜にファミレスに連れていってくれて、いつもおごってくれました。そのときに私の愚痴を聞いてくれて、それから自分の思い出の症例のこと、医師としての心得を教えてくれました。

お金を払おうとすると、

「私は、今まで先輩によくおごってもらいました。私が払った分は、後輩におごってあげてください」

と言って、お金は受け取りませんでした。

数年ぶりに東京でお会いし、

「先輩の今の専門は何ですか」

とうかがったときに、にらみつけるような眼で、しかしおだやかな口調で
「小児科は全身を診るものです。だから、小児科の専門は小児科です」

と教えてくれました。

先輩は、高知に戻ってからもいつも私のことを見守ってくれていました。

日本小児神経学会で盛り上がっていたときです。

仲間から突然メールが届きました。

先輩が亡くなったという知らせでした。

先輩に胃がんが見つかり、闘病生活を送っていたということをそのとき初めて知りました。

闘病中も、ずっと患者さんのために働いていたということでした。

私は葬儀に出席することができなかったので、手紙と本をお送りしました。

先日、奥様からお礼の手紙をいただきました。

「拝啓、小沢先生
本日は、丁重なお手紙と本を送っていただきありがとうございました。

昨日、お香典をいただき、さっそくお手紙を出したところでしたが、そのときは先生のお名前がぴんとこなくて大変失礼しました。

本日、あらためてお手紙を読み、ラグビー部だった小沢先生のお名前をうかがったことがあるこ

とを思い出しました。

夫のことをこんなに思ってくださって、ありがとうございます。

八王子にいた頃には、私も月1回東京に行き、いろいろ案内してもらっていました。

なつかしい思い出です。

一昨年の夏に胃がんが見つかり、1年9か月でした。

すでに肝転移もしている状態でしたが、時間を惜しむかのように、それからはものすごい量の仕事をこなしていました。

通夜、葬儀には、1000人に近い方がお別れに来てくださり、あらためて、夫の交友関係の広さを思い知りました。

今日、夫の写真の前に先生のご本を供えさせていただきました。

先生も　お身体に気をつけて。

ありがとうございました。」

命の限りを知ったとき、皆さんは、その時間を何に捧げますか。

先輩は、最後まで患者さんのために捧げ、生き抜きました。

先輩は、私にとって追いつくことのできないとてつもなく大きな存在です。

先輩に、

「小沢、ようやった！」

と天国から、ほめてもらえるような仕事をしたい。

そう心に誓いました。

006/100

指しゃぶり

外来で、お母さんから急にお礼を言われました。

りょうすけくんは脳性まひの子で、新生児科に入院したときに、私が回診したそうです。私は、実は覚えていませんでした。新生児室で診察したときに、両側の親指が屈曲していて、私は、まひがあること、この親指をお母さんがマッサージするように伝えてください。と看護師さんに説明したそうです。翌日、小沢という医師が診察して親指のマッサージが必要だと言っていたと伝えられ、お母さんは必死にマッサージをしました。そうしたら、最初は曲がって硬かった指が、少しずつ動くようになってきて、それがうれしくて、お母さんは一生懸命マッサージを続けました。数か月たったとき、りょうすけくんは、その親指で指しゃぶりをしていました。お母さんは、その姿を見て、涙がこぼれました。

今はこんなに動けているし、物も持つことができる。と語り、お礼を言われました。最近は、早期療育が流行りです。幼稚園、保育園の先生、市の保健師さんなどはすぐに療育機関で訓練をしてもらいなさいと言います。それが早期療育だと考えています。でも本当にそうでしょうか。訓練は大切です。しかし、訓練の時間は限られています。一番大切なことは、適切な子育てだと思います。そのためには親が考えることが大切だと思うのです。私は、親御さんに言います。

「どんな目的をもってどんな訓練をしているか。それをどうぞ理解してください。そしてその要素を取り入れた遊びをしてください」

と。昨今、子育てがわからない親御さんが増えています。そういう親御さんに向けて、子育ての方法を一緒に考えていくことも、我々にとって大切な仕事なのだと思います。

戻ってくる場所

先日、ある児童養護施設に行ってきました。

以前、児童養護施設で育ったお母さんと面談をしたときに、児童養護施設を知らなければお母さんの心に入り込めないと思ったからでした。

その児童養護施設の子どもたちは、ほとんどが虐待事例であり、子どもの多くには親がいて、施設にいても80％以上は親と何らかの交流があります。

それ以前は貧困事例も多くいました。現在は貧困で食事を与えることができない例も虐待の範疇に入ります。

以前は、夏休みや週末に子どもが自宅にかなり帰っていたのですが、今はそれもほとんどなくなっています。

1／2成人式はどうしているか聞いてみました。

みんな、親や職員から自分の子ども時代のことを聞くそうです。

つらい作業ですが、現実から逃げないことも大切だと話していました。

18歳になると児童養護施設を出なければいけません。

将来を考えて、好きな部活を辞めて、アルバイトで学費を稼ぎながら大学を目指す子もいます。

職を探してもなかなか見つかりません。

アパートを借りるのも大変です。

保証人が確保できないのです。

キャバクラなど水商売を選ぶ子もいますが、好きで選んでいるわけではありません。

職がなく、でも自分で生きていかなければいけない。

先輩に相談してその仕事を始める子も少なからずいるということでした。

そして子どもはどんなに虐待を受けても親とつながりを求めます。

虐待されるのがわかっていても親に会いたがります。

その結果、社会に出てから、親からお金をせびられ、奨学金をあてにされせっせと渡す、そのことだけが親との接点になっている例もあるということでした。

高校3年生になるとみんなあれてきます。

見えない将来への不安をぶつけてくるのです。

職員はそれを受けとめるのが大切です。

高校生の女の子が夜遊びを続け、夜中1時頃帰ってきて説教したときのこと。

「おまえたち（職員）は嫌になったらいつでもここを出ていくことができる。でもどんなに出たくても、私が戻ってくる場所はここしかないんだよ！」

と叫んでいたのを聞き、

「いいこと言うなあ。私はそういうことを言える子になるように育てている」

と園長が語っていたという話を聞き、児童養護施設の奥深さを垣間見た気がしました。

同情だけでは何も解決しません。

かわいそうと思って接していても何も解決しない世界だと知りました。

幼児棟には、入所したばかりでまだ幼稚園に行けずにお絵かきをしている女の子がいました。ベランダから外を見て説明を受けていたら、

「小沢先生！」

という声がしました。振り向いてみると描いたばかりの塗り絵を一生懸命差し出して、その女の子がニコニコ笑い、立っていました。

この子たちの未来のために私は何ができるのか。

帰りの車の中でずっとそのことを考えていました。

008/100

かわへのうらみ

外来でのことです。あつしくんは小学生の男の子。外来に来た理由の一つは作文が書けないこと。いつも白紙で提出します。あつしくんの観るテレビ番組はアニメとニュース。最近のニュースの話題は？と聞くと、「中国の尖閣問題」と一言。

「中国と仲良くしなきゃだめだよね」

と私が言うと、あつしくんの目の色が変わり、

「中国と仲良くしちゃだめだ。ん〜、仲良くなるのはいいかもしれないけど、技術を教えちゃだめだ。ガンダムを黄色にしやがって。おまけにそのガンダムをロボットって言いやがって。絶対許せない」

とまくしたててきました。

しばらくして、あつしくんと交代でお母さんと面接をしたときに、お母さんは心配そうに作文を取り出しました。環境コンクールということで、川についての作文を書くように言われたそうです。

「この作文を書いたんですけど、私が取り上げて、担任と通級の先生に相談したんです。どうしたらいいんでしょうか」

私はその作文を見て思わず笑ってしまいました。

「かわへのうらみ
川があるおかげでこんなめにあっている
さくぶんをかかなきゃいけないのも川のせいだ
川なんてきえればいい
そうすればこのくそったれたさくぶんもきえる

そうすればいい
ほかのさくぶんがでたらこんどはそれにうらみをやいてやる
かわさえきえればこんなめにはあわなかったろう」

私はすぐにあつしくんを診察室に入れ、

「いい作文だ。面白い。すばらしい」

とほめたたえました。あつしくんはびっくりした顔でこちらを見て、少し照れくさそうにはにかみました。それからしばらくして診察が終わって去っていくときに、あつしくんはいったん閉じたドアをもう一度開けて、

「先生、今日は楽しかったよ」

と言って帰っていきました。

子どもはいつしか大人の価値観の中で生きることを求められます。でも、そんな価値観の押しつけは、子どもにとっては迷惑千万。


「先生は、チビでデブでブスで一生結婚できないと思います。

坂道を転げ落ちたほうが早いと思います」

これは私が小学校のときに書いた作文です。

その担任に呼び出されてこっぴどく怒られたような気がしますが、それはあまり覚えていません。でもその作文を友だちに見せたときに
「小沢、すごいなー。本当にこんなの出しちゃったの！」

とヒーローになれたことはしっかり覚えています。（当時の担任の先生、ごめんなさい）

009/100

障害児医療40年

先生はいつも笑っていました。会うといつも
「小沢先生、元気だね！」

と声をかけてくださいました。

先生が、ある日突然、髪を丸めていました。

「先生、仏門でも入ったんですか？」

と冗談めいて聞くと、

「わっはっは、実は多発性骨髄腫になっちゃってね。化学療法で全部抜けちゃったんだよ」

と明るく笑い飛ばす先生に、私は返す言葉がありませんでした。

しばらくして、

「今、本を書いているので、島田療育園の資料を貸してほしいんだけど」

という電話が私にありました。

学生時代にサークルで島田療育園にボランティアとして通っていて、そのことがきっかけで、医師になってから小児神経の道を選ばれたということでした。

先生は、新しい疾病概念を提唱するなど、目覚ましい活躍をされていましたが、その中で、常にもたれていたのは障害児にかける思いでした。その活動は、無痛無汗症の会「トゥモロウ」の設立や、てんかん協会につながっていきました。

次の学会で会ったときに、先生の髪の毛が以前と変わらずふさふさになっていました。

「先生、髪の毛戻りましたね。また越されちゃいましたよ」

と言うといつものように
「わっはっは」

と笑っていました。自家末梢血幹細胞移植が成功したとうかがいました。そのときに、

「小沢先生、静岡出身だったよね。富士山を見たいんだけど、どんなところがいいんだろう」

と質問してこられました。私は、いくつか旅館を紹介させていただきました。次の学会でお会いしたときに、

「小沢先生、富士山見てきましたよ。富士山はいいですね」

と語ってくださった先生。そのときに再発したことをうかがいました。

ある日、突然の訃報が届きました。先生が天国へ旅立たれました。私は泊まり込みの仕事があり、葬儀に参加できませんでした。多くの方が集まり、先生のお人柄があらわれていたとても温かい葬儀だったと、参列された方からうかがいました。

先生は、生前ご自分が書かれた本を送ってくださいました。

題名は、

『「障害児医療」40年』（悠飛社ホット・ノンフィクション）
です。島田療育園のことも書かれています。
最後の第七章は、「すべてのお母さん、お父さんに」というタイトルです。
・ひとりの子の居場所づくりを
・個人差を知って、発達段階に合った子育てを
・マニュアルではなく、子どもをみて対応を
・大切にしたい、時間、空間、仲間の「三間」
・親も、ときに休憩、ときに充電を
どれも慈愛に満ちたお言葉です。
そして最後に「医療者に求められる資質」として、
①感性　②問題抽出能力　③問題解決能力　④コミュニケーション能力　⑤教育力
を挙げています。
改めて本を開いてみると、
「小沢先生、本の原稿、いつぞや送付ありがとうございました。そろそろ出版になりますか？」
と書かれたメモが貼ってありました。
『愛することからはじめよう——小林提樹と島田療育園の歩み』（大月書店）
が出版されたとき、心から喜んでくださった先生、
ご冥福をお祈りいたします。

むそう

愛知県半田市に行き、「社会福祉法人むそう」を見学しました。

むそうは私にとって驚きの連続でした。

むそうは、養鶏、しいたけ栽培、ラーメン屋、グループホームなど多角的に展開しています。

昼はむそうが経営しているラーメン屋にいきました。

値段は900円で、そのラーメンはとにかく旨い。

サラダ・ジュース・コーヒーが食べ放題、飲み放題で、多くのお客さんが来ていました。

職員は、むそうのスタッフが1名で、自閉症、ダウン症などの方が約7名働いていました。

注文は、色のついた札で醤油・塩・味噌ラーメンを頼みます。

その札は、厨房にあるテーブル席が描かれた絵の上に置きます。

一つや二つは、注文と違うラーメンがくることがありますが、それはご愛敬。

お客さんは、誰も文句は言いません。

麺をあげる役はダウン症の店長代理です。

茹ですぎないように麺は太麺、一定時間がきたら茹でているザルが上がる仕組みになっていて、上がったら麺をあげ、見本の写真と同じように並べるのは自閉症の方の役目です。ときどき「アーッ」と声を出しながら一生懸命作っていました。サラダやジュースなどがなくなると、片まひのお客さん係の方が指示を出し補充していきます。スタッフは見守りを中心としていました。

会計のところには、車いすの女性がうとうとしながら座っていました。味にはこだわっていて、旨いと評判のラーメン店主に教えを請い、みんなに合ったやり方を考えました。屋台のトラックもありました。イベントのときには行列ができるそうです。

養鶏の話も印象的でした。

地面で自然に育てる平飼いで1000羽飼っています。1000羽が採算のとれる最低ラインです。品種は、ボリスブラウンです。毎日卵を産んでくれて、性格もおとなしいことから選びました。

名古屋コーチンは卵を産むのが3日に1個、烏骨鶏《うこっけい》は1週間に1個です。自閉症の方は、毎日同じ作業がいいため、毎日産んでくれるボリスブラウンにしました。愛知県の養鶏の大御所に指導を仰ぎ、保健所などにも相談しています。

市場にも卸していますが個人的に顧客をつくり、販路拡大に努めています。担当の人はとにかく研究していて、特色を出さないと生き残れないと言っていました。

代表の戸枝陽基さんの言葉は印象的です。

「差別だ、差別だと、社会に対して訴えている人たちが、福祉だからといって甘えがあってはいけない。一般の人たちの土俵に立って、その中で生き抜く覚悟がなければ生き残れない」

ラーメン屋で働いている自閉症の方を、スタッフが紹介してくれました。

「この家族は母子家庭で、むそうの喫茶店にやってきました。小学生の子どもは自閉症とすぐわかり、妹さんもいました。とても暗かったので声をかけたら、心中にこれからいくところでした。みんなで必死に説得し、それから10数年たち、今、ラーメン屋で働くことができました。みんなで喜んでいるんです」


「支援」とは、何だろう。

「むそう」は、そのことを、改めて私に教えてくれました。

011/100

野球の道は　人生の道

少年野球の監督、秋本さんをお招きして、講演をしてもらいました。

秋本さんは、小学校2年生から野球を始め、大学の野球部が行うセレクションに合格し、
某名門大学野球部に進みました。

その大学の寮生活はとにかく厳しい。

辞める者も少なくありませんでした。

でも、グラウンドでは平等です。実力がすべて。

野球に対する考えが変わります。

監督の顔色をうかがう義務野球からの卒業です。

1年生は400人いたので自分で考えなくてはいけません。

身体が小さい秋本さんは、バッティング練習で右打ちに徹します。

そして、とにかく大きい声を出しました。

それが監督の目に留まり、1年生から1軍の25人の枠に入ります。

大学ではベスト4まで進みました。

社会人野球を考えていましたが、靭帯を損傷し、あきらめます。

その時に高校野球の監督の話があり、静岡の某高校に行きます。

でもそこは、当時不良だらけの高校。

教師の前でタバコは吸うし、無茶苦茶でした。

寮に一緒に住み込みますが、とにかく大変でした。

そんな中、信念を貫き、3年でベスト8まで進みました。

でも、そのときに家業を継がなければならなくなり戻ってきました。

息子さんが少年野球を始めたときに、キャッチボールをしていたのを見て、コーチを頼ま

れました。7年のコーチ時代を経て監督に就任します。

監督になって気づいたこと、それはミスをしたときに子どもたちが監督を見ることです。その当時、ミスをしたら監督に怒られるのが当たり前でした。

怒られている子どもは何を怒られているのかわからない。秋本さんは言います。

「ミスは当たり前。イチローだってフライを落とす、エラーをする、三振する。だからミスを恐れるな」

できなかったことを怒ることは決してしません。

一塁まで全力で一生懸命走ることは約束事です。

速く走れではありません。でもうまい子ほど手を抜きます。そのときには指導します。

秋本さんは少年野球を最初バカにしていました。しょせん少年野球だろうと。

でも、少年野球に携わってからはその魅力にとりつかれます。

真っ白なキャンバスに絵を描いていく感覚、小学生の吸収力の早さ、そして純粋さ。高校生や大学生にはないものです。

目的は、先を見据えた、プロセスを重視した、「人間力教育」です。

だから、勝つことが目的ではありません。理論を伝えます。

「考えが変われば行動が変わる、行動が変われば習慣が変わる、習慣が変われば人格が変わる、人格が変われば運命が変わる、運命が変われば人生が変わる」と。

練習は工夫します。キャッチボールではわざと捕りにくいボールを投げます。

捕りにくいボールを捕れるようになれば、捕りやすいボールは捕れます。

考え方を変えることが大切です。常識を見直します。

今は技術がなくても、6年生は全員レギュラーにします。

反対もいっぱいありました。

その6年生の父兄からも、レギュラーをおろしてくれと頼まれることもありました。

でも、信念は曲げません。

「勝つことが目的ではない」。

その子たちは一生懸命全力でプレイします。その子たちがヒットを打つと盛り上がります。

選手みんなでほめたたえるからです。みんな我が事のように喜びます。

そしてその方針のもと、2年連続地元の選手権大会で優勝しました。

秋本さんは、地元の少年野球において暴力をふるった監督・コーチ、父兄は退場というルールをつくりました。

今は、卒団生が会いに来てくれることが何よりの喜びだそうです。

子どもが辞めたいと言ってきたときには、子どもが辞めたいのか、親が辞めさせたいのかわかるまで家に通いつめます。

親の都合では辞めさせません。

「誰かを傷つけたら監督は辞める」

と覚悟をもって指導している秋本さん。

「野球の道は　人生の道」。

これはすべてに通じる道です。

すいか

児童養護施設のじゃがいも収穫祭がありました。

子どもたちは全員が参加し、みんな一生懸命手伝ってくれました。

みんなで食べた、蒸したじゃがいもとカレーの味は最高でした。

また、差し入れのまん丸の大きいすいかに子どもたちが群がっている姿は、ほほえましいものでした。

すいかを食べながら、

「夏になると、お母さんに『すいか食べたい』って言ったんだけど、買ってもらったことなかった」

とか、カレーを食べながら、

「カレーは作れるよ。いつもお母さんから
『土日は何か自分で作ってね』

と電話かかってくるの。

だからいつもカレー作ってたの。

ハヤシライスもできるよ。

カレーは２日目になると、だしで薄めてカレーうどんにするの。

てんぷらも教えてくれるって言っていたんだけど、教えてもらう前にここに来たから、作り方わからないんだ」

と何気ない会話に胸を締めつけられる思いでした。

でもみんな明るい。とにかく明るい。

この明るさの中に秘められた悲しみ。

そこをどううめてあげたらいいのか、その答えを私はまだもっていません。

013/100

素直

突然ある女性から声をかけられました。

「先生、講演会されてましたよね。私、そのときにいたんです。質問していいですか」

と話しかけてくると、その女性は話を続けました。

「ずっと考えていたんだけど、誰に聞いても答えが出なくて。

私、お腹に子どもがいたとき、ずっとうれしくなかったんです。

そんなことをずっと考えていたら、2か月早く生まれちゃって。

子どもが遅れたのは私がそんなことをずっと考えていたからなのかなって」

私は、支援者対象の講演会で
「その子どもが、望まれて生まれてきたのか望まれないで生まれたのか、そしてお母さんはその子のいいところを言えるのかどうかも観察のポイントです」

と言ったことがありました。そのことを指しているのだなとピンときました。

私は、まず、

「そのお子さんはどんなお子さんですか」

と質問しました。その子は23歳でした。

「とっても素直なんですけど、人前で話すことができないんです。

もっと話せるようになるといいんだけど」

それを聞いて、私は、語りかけました。

「お母さん、２か月早く生まれたのはまったく関係ありません。

『人前で話すことができない』っておっしゃってましたけど、人前で話すことができなくても、生活できていたらそれでいいんです。

お母さん、最初に『素直』って言ったでしょ。とても素直に育ったのは、お母さんが愛情をいっぱいかけたからですよ。

お母さんはすばらしい子育てをしたんだと思います。

お腹にいるときにうれしく思えなくたって、今かわいくてしょうがない。

それでいいんだと思います。

素直なお子さんでよかったですね」

そう言うとお母さんは、にっこり笑いました。

「私23年間、ずっと悩んでいたんです。

今日答えが出ました。すっきりしました。ありがとうございました」

そう言って、軽く会釈をして帰っていきました。

我々専門家の何気ない一言が、とてつもなく重くのしかかることがあります。

苦しめることがあります。

一つひとつの言葉の意味をかみしめながら伝えなければいけない、そのことをそのお母さんは教えてくれました。

幸せにする言葉を届けましょう！

その言葉が私たちをも幸せにしてくれます。

014/100

ライダーキック

隣の席のかおるくんは、ライダーキックをしてきます。遊びのつもりでライダーキックをしてくるかおるくん。せいとくんは痛くてやめてもらいたいと思っていますが、やめてくれません。

せいとくんはお母さんに相談しました。

お母さんは担任の先生に相談してくれました。

担任の先生は注意したのですが、かおるくんのライダーキックは止まりません。

そこでせいとくんは手紙を書きました。

「この前は本を貸してくれてありがとう。一緒にお絵かきするのも楽しいよ。でもライダーキックはいやなんだ。」

すると、数日してかおるくんから返事が届きました。

「せいとくん、もうライダーキックしないから許してね。2年生も3年生も4年生も5年生も6年生もしないので、ずっと友達でいようね。」

以来、ライダーキックはなくなりました。

子どもっていいですね。

光

20代前半のやすひろさんが両親と一緒に私の外来を受診しました。

就労支援センターを利用するため、診断を希望してきました。

やすひろさんはうつむいていました。

やすひろさんは、幼稚園では一人遊びが好きで、ブロックで遊んでいました。

小学校でも一人でいることが多く、積極的に関わってきてくれる子とは遊びますが、繰り返し同じことをして嫌がられ、逆ギレして暴れたこともありました。

両親はいろいろなところに相談に行き、小学校は特別支援学級に変わりました。

中学校はやすひろさんの希望もあり、通常学級で過ごしましたが、勉強は大変で、漢字と英語が特に苦手でした。

島はちにやってきたのは、そんなときでした。

外来を定期的に受診し、高校に無事合格し、高校生活も順調で大学に合格したと報告に来てくれて、島はちは卒業になりました。

しかし、その後大学は、少ししか通えずに中退しました。

やすひろさんはがんばり、その後農業大学校に進み、この春に卒業しました。

しかし、就労にはつながらず、家に引きこもったままになりました。イライラして、家で暴れることもありました。疲れ果てた両親は、いろいろ相談して、障害者の就労支援センターを紹介してもらい、そこで勧められ、診断書を書いてもらいに再びやってきたのです。

4年ぶりの受診でした。

私は、障害者雇用枠の企業就労の話をしました。

「今、企業の障害者雇用は2・2％の雇用義務があります。最低賃金が保証され、東京では、時給1041円です。またジョブコーチがサポートしてくれます。いわば、安定したフリーターですね。障害年金をもらえる可能性はあります。医療には、つながっていたほうがいいので、精神科を紹介しますね」

2週間後、お父さんは、紹介状をもらいに私の外来に来てくれました。

「あのあと、家がむちゃくちゃ穏やかだったんです。

ずっと、真っ暗な闇の中にいたのが、光が射し込んだ気がします」

そう言って、深々と頭を下げて帰っていきました。

ずっとうつむいていたやすひろさん、聞いてくれていたんだね。

医療が、路頭に迷わせてはいけない。

社会につながるように導いていくのも医療の大切な役割です。

子どもたちを信じましょう

友人の先生が「児童養護施設の子どもたち」という題で、講演会をしてくれました。その内容を紹介します。

●困った行動には、背景や理由があります

入所するまでの子どもの体験、生育の歴史はこちらによくわからないブラックボックスです。

●安心できて安定した生活の保証

規則的な生活、安心な日常生活など、生活の基本が大切です。

●穏やかな人間関係の練習

怒ったスタッフの顔は、虐待をした親の顔と同じです。

スタッフはプロとして、自分の感情はコントロールしましょう。

●大人のお手本はスタッフ

虐待を受けた子どもは、家庭で不安定な大人を見てしまっています。

スタッフは手本となる安定した大人の姿を見せましょう。

●スタッフ同士の支え合い

単にかわいそうという気持ちで子どもの言いなりにならないようにしましょう。

共感をしながら淡々と対応することが必要です。

心のストレスはシェアして、燃え尽き症候群を避けましょう。

ユーモアが大事です。

そして、最後に、

「子どもたちを信じましょう」

という言葉で終わりました。

このことは、すべての子どもに接するときにあてはまる心得だと思います。

017/100

5歳の七五三

25週、666gで生まれたむつみちゃん。人工呼吸器をつけていましたが、191日目に抜管できました。

でも、それから泣くたびに呼吸を止め、顔色が悪くなり、心拍も低下し、失神してしまいます。

２歳のときに気管切開をしました。

ずっと、病院で過ごしていたむつみちゃん。

両親は、何とか自宅で一緒に過ごしたいと思いました。

弟も生まれました。

その中での在宅移行。

３歳のときに家に帰りました。

不思議なことに、家に帰ったら失神がなくなりました。

お母さん、お父さんと一緒にいたかったから、失神していたのでした。

むつみちゃんは、肺炎を繰り返しました。

唾液が気管に流れ込んでしまい肺炎を起こしてしまうため、唾液が流れ込まないようにする喉頭気管分離術の手術を行いました。

５歳になったときのことです。

お母さんが「先生、これ見て！」とフォトグラフを持ってきてくれました。

七五三の写真でした。

「３歳のときは、入院してできなかったので、女の子だけど５歳で七五三しちゃいました」


家族みんなが笑った七五三の写真。

さまざまな苦難を乗り越えてのすてきな笑顔でした。

しあわせの道

島田療育センターはちおうじは、ベトナムの子ども達を支援する会（The support of Vietnam Children Association, SVCA）の活動に参加させていただいています。ＳＶＣＡは１９９０年から実績があり、ベンチェ省で活動を行い、今までに、母子健康手帳の普及、特別支援学校や診療所設立などの実績があります。

私は、２０１４年に参加しました。参加者は、日本からは29名。

29名の内訳は、小児科医、理学療法士、作業療法士、言語聴覚士、学校の教師、ベトナムで活動している独立行政法人国際協力機構のメンバー、民生委員、お茶の先生、主婦であり、ホーチミンの障害児教育の専門家２名、日本に留学経験がある通訳３名など、とにかく多岐にわたるもので、本当に大所帯でした。

ベトナム・ベンチェ省に行って思ったのは、国際協力をしようと思えば、その国の歴史や背景を知らなければいけないということでした。

ベトナムの障害児のことを考えるうえで、枯葉剤を抜きには語れません。

枯葉剤は、アメリカ軍により１９６１年から１９７１年まで撒かれました。北ベトナム軍の兵士の隠れ場となる森林を枯れさせ、農業基盤の耕策地域の破壊が目的でした。

その間に、約1億リットルの枯葉剤が撒かれ、約４８０万人のベトナム人が浴びて、多くの奇形児が生まれました。

ベンチェ省にもたくさんの枯葉剤が撒かれました。

ベンチェ省の人々は、空爆のため、昼は川や防空壕で過ごし、夜になると家に帰るという生活を続けました。
ベトナムのホーチミン市の戦争博物館には、入るとすぐ障害をもった子どもたちの写真が掲げられていました。
ベトナムの障害児救済には、他の国とはまったく異なった理由があります。
障害児は、戦争の被害者であり、犠牲者なのです。

その写真の説明には、このように書いてありました。

「The photo collection is a message from heart to heart, bringing people closer together to sympathize and share with these victims of Agent Orange/Dioxin in Vietnam.」

（この写真は、枯葉剤の被害を受けた子どもたちと私たちを近づけてくれる、心からのメッセージである）

写真の子どもたちは、みんな笑っていました。
障害児のしあわせの道が、ベトナムのしあわせの道なのだと感じました。

家庭訪問1

ベトナムでは、家庭訪問をしました。

ベンチェ省から車に乗り、舗装されていない道を進みました。

雨のときはぐちょぐちょになります。

私がまず訪問したのは、ダウン症の男の子の家でした。

男の子は、我々を見るとニコニコして近寄ってきます。

ジャンプをして踊ってくれます。

丸は描けましたが、線は引けません。

でも、その場で線を引いてみると、すぐまねて描いてくれました。

ベンチェ省の特別支援学校の先生がボールを転がすと、とても喜んで転がして返してくれます。

声を出して喜びます。二語文は可能でした。

でもお母さんは、

「この子はしゃべれない」

と繰り返すばかり。

幼稚園は行っていません。

特別支援学校の存在は知りませんでした。

お母さんは、お金がないので、学校には行けないと説明していました。

たぶん、地元の小学校へ行っても、留年を繰り返し学校へ行けなくなるでしょう。

特別支援学校は、車で1時間以上離れたところにあり、寄宿舎に入れなければいけません。そこまでしても、田舎では、卒後は家で過ごすしかありません。

人を見るとニコニコして寄ってくる男の子は、家族の愛をいっぱい受けて過ごしているのでしょう。

「しゃべれないからかわいい」

お母さんは、そう語っていました。

このお母さんと男の子に、私は何ができるのか。

このお母さんと男の子に、たった1回しか会わない外国人の私に何ができるのか。


「お母さん、いい子育てしていますね。今のままでいいですよ」


そう声をかけてあげることしかできませんでした。

でも、通訳の方がその言葉を伝えると、否定的なことしか言わなかったお母さんの硬い表情が和みました。笑ってくれました。

その笑顔をもらい、私も笑いました。


家庭訪問が終わり、少し心が和んで歩いていると、ベンチェ省の特別支援学校の先生が隣にいました。

先生は、いっぱい遊んで、男の子の可能性をいっぱい引き出してくれました。

本当に、全力で一生懸命、遊んでいました。

男の子に教育を受けさせてあげたいと一番感じていたのは、この先生なのでしょう。

「今日は、先生の授業のレベルの高さに感動しました。ありがとうございました」

そう伝えると、その先生は、照れてうつむきながらニコッと笑ってくれました。

先生の笑顔に、ベトナムの限りない可能性を感じました。

家庭訪問2

ベトナムの家庭訪問の2件目は、脳性まひの14歳の男の子でした。

小頭症でてんかんがあり、3か月に1回全身強直間代けいれんがあります。

3か月前のけいれんのときに骨折をしてしまいました。


でも、もう体が大きくバイクに乗ることができません。

ベトナムの障害児にとって、バイクに乗れなくなることは、移動ができなくなることを意味しています。

骨折のときに、レンタカーを借りて病院に行きました。

レンタカー代はベトナムの人にとっては高額です。

いつも座って過ごしていたのですが、骨折をしてからは横になっていることがほとんどになりました。


学校にも行っていません。外出もできません。ずっとベッドで横になっているだけです。

ベッドの四角の空間だけが、男の子の過ごす世界。

ベッドは、籐《とう》でできていました。

とっても頑丈でトイレはそのままベッド上で流すことができます。

お父さんが作りました。


数年前にも、SVCAの訪問があり、そのときには、てんかんの薬を定期的に届けてもらうよう、貧困者・障害者・孤児支援協会の連絡先を伝えました。

でもお母さんは連絡していませんでした。

同行していた役人は、それを聞いて、厳しくお母さんを責めているようでした。

私は、話題を変えました。


お父さんとお母さんは働いていて、お婆さんが面倒をみています。

男の子は言葉は出ませんが、手をブラブラさせる遊びが好きで、ニコッと笑ってくれます。

座位を積極的にとることが必要ですが、小柄なお婆さんにはできません。

お父さんが家に帰ったら、やってもらうようにお願いしました。

この家でも、家族はずっと緊張していました。

「とっても素直ですね。愛情いっぱいの中で育っているのがわかります」

と伝えたところ、お婆さん、お母さんはニッコリ笑ってくれました。


していあげたらいいことは、いっぱい浮かぶのですが、ベトナムのこの環境の中で何ができるのか私には提案できません。

今、あの子は、あの家族はどうしているのかな?

かわいい

ももこちゃんは、染色体異常の女の子。

新生児科の医師から頼まれた内容は、

「外来で母親がいつも泣いているから頼む」

でした。

お母さんは、ももこちゃんを抱いて、私の外来へやってきました。

生まれてまだ数か月のももこちゃんはすやすやと眠っています。

「私、この子をかわいいと思えないんです」

そう語るお母さんの涙は、かわいいと思えない我が子に対してよりも、そう感じてしまう自分自身への涙のように感じました。

私は、

「気持ちよさそうに眠っているね」

「穏やかな顔しているね」

など、お母さんにいろいろ声をかけるのですが、

「そうかなあ？」

とか
「そんなことない」

と否定的な言葉しか返ってきませんでした。

でも、お母さんは、毎月外来に来てくれました。

私には、解決の糸口は見つかりませんでしたが、毎月来てくれるお母さんとそんなやりとりを繰り返していました。

ももこちゃんは、成長するにつれて、笑顔が出てくるようになり、まわりからの刺激に対して反応してくれるようになりました。

次第に、お母さんも笑顔になり、いつしか外来の頻度は減っていきました。

今では、

「先生見て！　こんなに笑うのよ。ももこちゃんかわいいでしょ！」

お母さんは、笑いながらいつも自慢げにももこちゃんのことを語ります。

そんなお母さんを見るたびに、こちらも自然と笑みがこぼれます。


「子育ては親育て」

ですね。

022/100

マイナス4点の理由

ゆうとくんが外来にやってきたのは、太陽が照りつける夏のことでした。

私の質問にうつむいてうなずくだけのゆうとくんの背中は丸まっていました。

ゆうとくんは、小学校のときから勉強が苦手でした。

友だちとはうまくやっていけたので、小学校は何とか通うことができました。

でも、中学になると勉強はさらに難しくなりました。

ゆうとくんから笑顔が消えました。

中学2年生になったある日のこと、ゆうとくんは学校に行けなくなりました。

校門までは行くのですが、校門から中に入れません。

校門から、家に帰るようになりました。

仕事のため、ゆうとくんよりも早く出勤しなければいけないお母さんは、何とかしようとゆうとくんを学校に連れていくようになりました。

ゆうとくんは黙ってついていきます。

先生にお願いしてからお母さんは慌てて仕事に行きます。

でもゆうとくんは、いつのまにか家に帰ってしまいます。

お父さんとお母さんは、そんなゆうとくんを責め立てます。

「なんで、学校にいかないの？」

ゆうとくんは部屋にこもって出てこなくなりました。

ご両親はどうしていいかわかりません。

私の外来に来たのはそんなときでした。

ご両親は診察室から出てもらい、ゆうとくんと二人だけになりました。

緊張するゆうとくんに、私はマジックを見せました。

ゆうとくんは、びっくりした顔をして、それから少しだけ笑ってくれました。

「学校は行かなくていいよ。エネルギー吸い取られちゃうから。それよりも高校どうするか一緒に考えていこう！」

それから知能検査を行うことを同意してくれたゆうとくん。

後日行った検査では、勉強が苦手なことがわかりました。

私は、ご両親に特別支援学校への進学を提案しました。

それから一生懸命に中学校と一緒に動いてくれたご両親、何とか特別支援学校の受験に間に合いました。

そして2倍の倍率を乗り越えて、その特別支援学校に合格することができました。


3月になり、いよいよ中学卒業です。

卒業式の3週間前、ゆうとくんは学校に顔を出しました。

久しぶりのゆうとくんを友だちはみんな温かく迎えてくれました。

それからゆうとくんは、毎日学校に行くようになりました。

卒業式も、最初から最後まで全部出ることができました。

卒業式が終わったあとの外来で、お母さんはそのときのことを報告してくれました。

次にゆうとくんと交代しました。

「卒業おめでとう。卒業式出たんだって。すごいね」

私が、そう言うと、ゆうとくんは、ちょっと照れながら、

「ありがとうございます」
と頭を下げました。
会話は続きます。
(小沢)「友だち、みんな喜んでくれたでしょ」
(ゆうとくん)「はい」
(小沢)「卒業式どうだった?」
(ゆうとくん)「よかったです」
(小沢)「今の気持ちを点数にすると、100点満点のうち何点?」
(ゆうとくん)「96点」
(小沢)「マイナス4点は?」
(ゆうとくん)「もっと早く学校行けばよかった」

私は、お母さんに、
「ゆうとくん、今の気持ち96点だって。いい点数だね」
そう伝えると、お母さんはとびきりの笑顔を見せてくれました。
ゆうとくんも笑いました。
私も笑いました。
帰るときのゆうとくんの背筋は伸び、前をしっかり見ていました。
今日も新1年生はさまざまな思いを胸に抱き、学校に通います。

023/100

大人ごっこ

たかひろくんは、学校でじっとしていられずに、授業中立ち歩いてしまったり、友だちとのケンカも多く、私のところにやってきました。お母さんは疲れてしまい、心療内科に行くようになりました。

お母さんは、一人でたかひろくんを必死に育てていました。

たかひろくんは、薬を飲んでしばらく落ち着いていたのですが、学校で再び友だちを殴るようになってしまいました。

なぜ殴ってしまうのか、先生に注意されてもたかひろくんは黙ったままです。

私の外来でも、話さずに時間が過ぎていきました。

私は、たかひろくんとお母さんに笑ってもらおうと、外来でマジックを始めました。

たかひろくんは、マジックをきっかけに、よく笑うようになり、よくしゃべってくれるようになりました。

お母さんも、たかひろくんのマジックに大喜びです。

ある日の外来で、私は、たかひろくんに

「学校に嫌な奴いる？」

と聞きました。

そうすると、たかひろくんは、深くうなずきました。

私は、たかひろくんに「大人ごっこ」を提案しました。

「からかってくる奴は子ども。たかひろくんは、大人だからそんな子どもは相手にしないで、その場から立ち去ったらいいよ。かっこいいでしょ！　大人でしょ！　やってみようよ。それから困ったときには、大人のところに行きな！　大人のいるところではやらないから」

たかひろくんは、深くうなずきました。


しばらくたったとき、お母さんが外来で報告してくれました。

クラスで一番やんちゃな子がたかひろくんを殴ったとき、たかひろくんは反撃をせずに担任の先生のところに行ってそのことを報告しました。たかひろくんは、ケガをしていました。

また、たかひろくんは、女の子に心ない言葉を浴びせられて、泣きながら担任の先生のところにやってきました。

「おまえの母ちゃん精神病！　早く病院行って治してもらえ！」

たかひろくんが友だちを殴っていたのは、このためだったのです。

小さな背中で、すべてを背負って、誰にも言えずに耐えていたんだね。

担任の先生は、たかひろくんをぎゅっと抱きしめました。

その話を聞いたお母さんも、たかひろくんを泣きながらぎゅっと抱きしめました。


私は、たかひろくんにまたマジックを教えました。

私が赤鼻をつけて教えたところ、たかひろくんもお母さんも大喜びです。

外来では、いつも以上に盛り上がりました。

夫婦磁石論

片付けができない子どもに困っているお母さん。

お母さんは、きちんと片付いていないと気が休まりません。

散らかっていると、きつく子どもを怒ってしまいます。

話のほこ先が、いつしかお父さんに変わり
「パパも全然片付けができないんですよ」
お父さんをにらみつけるお母さん。
お父さんは、苦笑いをしてうつむいています。

そんな気まずい雰囲気を壊そうと、私が語りかけます。

(小沢)「お母さん、もしこのお父さんがお母さんよりも、もっときれいに片付ける人だったらどうする？」

(母)「絶対イヤです」

(小沢)「そうでしょ。夫婦って磁石のようなものだと思うんだよね。お互いは違うけれど、磁石のＮ極とＳ極のように違うものがつながりあって、足りないものを補い合う。Ｎ極とＮ極だと反発しちゃうよね。お母さんは、お父さんが片付けられないのをほっとけなくて一緒になったのかもしれないね。だから、いい夫婦なんじゃないの？」


それを聞いたお母さんは、「そうかしら～」と半信半疑ですが、その表情は和やかになりました。

その横にいたお父さんはお母さんを見て、ニヤっとしていました。

目の前にある必要なことをやりなさい

高橋先生は、大学を卒業してから地域医療に従事しました。

村の診療所に赴任したときのことです。

医師も看護師も保健師も一人ずつという村で、赤ちゃんから高齢者まで診察し、そこで初めて在宅医療に出会いました。

その後、先輩に誘われて、勤務医として6年間在宅医療に関わりました。

その中で、どうしてもできないことが一つだけありました。

それが小児の在宅医療でした。

あるとき、病院のソーシャルワーカーから、

「呼吸器をつけた3歳の子どもを退院後に診てほしい」

と頼まれたのですが、勤務している病院に相談すると、小児科医は高橋先生一人なので責任をもてないことはしないでほしいと言われてしまい、結局断りました。

自分が責任をとれる立場にならなければやりたいことはできないと学んだものの、当時は開業を決意するだけのお金もやる気もありませんでした。

その後、故郷に帰り、仕事をしていたところ、2001年、アメリカ東海岸のホスピスを見学

するツアーがあったので参加しました。

その中に、エイズ・ホスピス「ギフト・オブ・ピース」がありました。

そこは、世界中から寄付やボランティアが集まっていました。

そこでは、窓が壊れたら「私が直します」という人まで現れていました。

高橋先生は、シスターに尋ねます。

「私は、自分がやりたいと思っていることができていないんです」

すると、シスターはほほ笑んで答えます。

「目の前にある必要なことをやりなさい。そうしたら必要なものは現れます」

その言葉が、高橋先生の心に突き刺さりました。9月8日のことでした。

9月11日、その日はニューヨーク市の病院を視察する予定でした。

バスで向かっていたら、パトカーや消防車、救急車が次々と追い越していきます。

最初は「火事かな?」くらいに思っていたのですが、ワールドトレードセンターの近くにある病院に到着すると、そこは人があふれ、ビルは崩れ始めて悲鳴が聞こえ、まるで戦場でした。

何とかホテルには戻れたのですが、飛行機も飛ばず、日本に帰ることもできなかったので、ホテルで毎日ミーティングをしていました。

ある日、突然、そのホテルで
「全員ホテルの外に避難してください」

という全館放送が流れました。

ニューヨーク市内にテロリストがいるかもしれないと言われていた頃でした。

ホテルがテロリストに襲われるという恐怖の中、28階から非常階段で必死に降りながら、

「ひょっとしたら死ぬかもしれない」

と人生で初めて思いました。

同時に、もし無事に日本に帰れたら、自分がやりたいことをやろうと心に誓いました。

そして、帰国後、2週間で開業を決意し、翌年5月に開業しました。

昔断ったあの人工呼吸器の子の主治医になりました。

高橋先生が、いつものように在宅医療に出かけたある日のこと。

人工呼吸器管理を必要とするお子さんのお母さんが、体調不良で介護をすることができず、かわりにお父さんが仕事を休んで介護をしていました。

日々、痰が詰まって窒息しないか、呼吸器の回路が外れていないかなど、片時も目が離せない状況のわが子のために介護にあたるご両親。

一方で、経管栄養・気管切開・人工呼吸器など「医療的ケア」が必要になればなるほど、使える障害福祉のサービスは減っていく現実があります。

息つく暇もなく、預けられる場所もないに等しい現状。

そんなご家族のためにできることはないのか。

そんな思いから、子どもたちのための施設をつくりました。

さまざまな相談や要請に応えるために、定員を増やしたり、送迎をしたり、お風呂に入れたり。

「目の前にある必要なことをやりなさい。そうしたら必要なものは現れます」

高橋先生は、今もこの言葉のままに動いています。

映画

さくらちゃんは、生まれてすぐ人工呼吸器管理になり、生後4か月から私が主治医になりました。

在宅生活になるのに、半年くらいかかりました。

在宅になってからも、吸引などでお母さんは疲労困憊。

退院のときに、次の入院を予約して、2週間ごとに入院する生活をさらに半年続けました。

そんな中、徐々に慣れてきて、入院することは減りました。

さくらちゃんは、やがて特別支援学校に入り、中学生になりました。

副籍（地域の在籍校に籍を置く）では、私の娘と同じ中学校になり、合唱コンクールで一緒に歌っている姿に感動したものです。

そんなさくらちゃんも高校生になりました。

今は、電動車いすでいろいろなところに行っています。

さくらちゃんが、私の娘と連絡をとり、映画に行ってきました。

そのあとに、メールが届きました。

「お久しぶりです
元気ですか？
この前は、つむぎちゃんと映画館に行けて良かったです。
友達と映画館に行ったのはつむぎちゃんが初めてでした。

映画を見終わった後に一緒に歩いて帰って来て、私の家に来てくれました。
楽しかったです。
意外と映画館も楽しいですね。
小沢家は、花粉症なんですってね（笑）
大変ですね（汗）
小学4年生の時に私が24時間テレビにでたのをつむぎちゃんにビデオを見せました。
すごいねぇとつむぎちゃんが、言ってました。
小沢先生って、ゲームしないんですね。
つむぎちゃん落ち込んでいましたよ。
なので、家に来てWiiを一緒にやりました。
楽しかったです。
小沢先生って私が小学4年生の時に24時間テレビ出てたの見ましたっけ？
では、また連絡お待ちしてます。」

娘同然のさくらちゃんと実の娘がつながるって、不思議な感じです。
さくらちゃんが、友だちと映画に行ったのが初めてだったことに、私は驚きました。
私たちにとって、当たり前の経験が、当たり前でないことに気づきました。
当たり前が、すべての人に当たり前になる世の中にしていきたいですね。

疲れることはいいこと

不登校など、家にこもっていた子どもが久しぶりに外出し、家に帰ると、「疲れた～」と言って、ぐったりします。

その言葉を聞くと、お母さんは不安になります。

そんなときに、私がいう一言！

「疲れてよかったね～」

「お母さん、疲れには二つあると思うの。身体的疲れと精神的疲れ。

身体的疲れというのは、眠ればとれる。それに、疲れるとぐっすり眠れる。

眠って疲れがとれれば、今度は同じことをしても疲れが軽くなる。これを体力がつくという。

だから、疲れたほうがいい。精神的疲れは、眠ってもとれない。

精神的疲れをとるのには、安心と笑いが必要。

これは、身体的疲れだから、疲れてよかったね～」

そこで、いつものマジックが始まります。

お母さんの不安な表情が消えていき、笑顔になります。

私も、50歳を過ぎてから、以前より疲れを感じますが、眠ると疲れはとれています。

これも体力維持かな？と思って、いいことととらえるようにしています。

疲れて、眠って、さあ、朝だ！

今日も、1日がんばろう!!

028/100

強さ

死というものは、あるときはゆっくりと、あるときは突然に訪れます。

先日、敬愛する人が亡くなりました。

私が、バイトに行っていたクリニックの医師で、私の高血圧の主治医でした。

外来診察中の突然の死でした。

心臓に持病があり、だから循環器を選んだと言っていました。

私を食事に誘ってくれたり、自宅に招いてくれました。

二人で食事をしていたときのこと。

私の食べている姿をみて、

「先生、食べっぷりがいいね～。見ていて気持ちいいね～」

と何回も言ってくれました。

そのときのことです。

「心不全って、本当にしんどいんだよね。

こんなしんどいんだったら、死んだほうがよっぽどましだ。って思うんだよね。

でも、そのときに子どもの顔が浮かんでくるの。

子どものために死ねない。死んではいけない。

ってずっと思っていたら、奇跡的に助かったんだよね」

淡々と笑みを浮かべながら話をしていた姿は、今も脳裏からはなれません。

私は、あの笑顔に本当の強さをみました。

娘さんを残しての死は本当に無念だったと思います。

私は知っていました。

午前の診察が終わると、せんべいが好きな私のためにせんべいを買ってくれていたことを。駅のせんべい屋さんで何回も見ていましたから。

でも気をつかわせては悪いと思い、あえてお礼は言いませんでした。

本当にありがとうございました。

天国で安らかにお眠りください。

虐待は連鎖しない

お母さんは、子どものとき、ずっと虐待を受けていました。

ずっと、ずっと、耐えていました。

いつしか大人になり、結婚し、妻になり、そして母になりました。

みなとくんが生まれました。

妹も生まれました。

でも、みなとくんの子育てをどうしたらいいかわからず、どなりつけたり手が出ることがありました。

行政の人々も、お母さんと一緒に子育てを考えるようになりました。

そんなみなとくんも、小学生になりました。

小学校に入ると、授業中座ることができずに立ち歩き、友だちに手が出てしまうこともしばしば。

それを知ると、お母さんはみなとくんを怒鳴りつけ、たたきました。

お母さんがみなとくんを連れて私のところにやってきたのは、そんなときでした。

私は、みなとくんをまず診察室に入れて、輪ゴムのマジックを教えました。

次にお母さんを診察室に入れると、みなとくんはお母さんに一生懸命輪ゴムのマジックを披露しました。

お母さん、リアクションは薄いですが、驚いてくれました。

みなとくんは、大喜び。

次に、みなとくんを診察室から出して、お母さんと私の二人だけになりました。

お母さんは、みなとくんに対する怒りの言葉を私にぶつけます。激しくぶつけます。

でも、私には、その怒りは、みなとくんにというよりも、今まで自分が歩んできた人生や社会に対しての怒りに聞こえました。

診察の最後にもう一度みなとくんを部屋に入れて、

「もっといろいろマジックあるけど、教えてあげようか？」

と尋ねると、みなとくんは大きくうなずきました。

それから、マジック作戦が始まりました。


お母さんは毎週外来にみなとくんを連れてきてくれます。

みなとくんは少しずつ学校で落ち着いてきました。

でも、家では相変わらずです。

お母さんの怒りも続きます。

私は、お母さんに一つだけお願いしました。

—手を出さないこと—

お母さんは、私の指示に従って、たたくのをやめてくれました。

「お母さん、子育て大変なのに、約束守ってくれてありがとう。本当にがんばっているよね」

お母さんは、ふっと笑みを見せ、自分で作ったお弁当の写真を見せてくれました。

朝5時に起きて作ったお弁当です。

かわいいデコ弁です。

私は、お母さんをほめました。いっぱいほめました。


しばらくして、ある日、みなとくんが、お父さんに訴えました。

「ママが怖いから、家にいたくない」と。

「ママ怖い。でも、妹と離れて暮らしたくない。僕が、我慢したら一緒にいれるんでしょ。

だから我慢する。でもママ怖すぎる。できたと言っても怒られる」

みなとくんは、初めて言葉で自分の思いを伝えることができました。

お父さんは、

「別れて暮らそうか？」

と聞きました。

でも、みなとくんは、

「一緒がいい。ママ！　怒らないで！　見ててほしい」と訴えました。

それから、お母さんは考えました。

どうしたら怒らないですむのか。

そこで、

「朝ごはんのルールは?」

「寝るときのルールは?」

と「ルールは?」という言葉を使うようにしました。

そうしたら、細かいところまで指摘する必要がなくなり、お母さんは怒らないようになりました。

また、イライラのもとである学校のことはすべてお父さんに任すことにしました。

そうしたら、みなとくんはリビングにいる時間が多くなって、家族みんなで大騒ぎするようになりました。

「お母さん、がんばっているよね。毎週来てくれるし、弁当も朝早くから起きてかわいい弁当作っているし。

お母さんは、本当に一生懸命だよね。

一生懸命だから、怒っちゃうんだよね。

授業中、立ち歩いていたら、怒っちゃうのも当たり前だと思うよ。

怒っちゃうのは、子育てのモデルがなかっただけなんだよね。


でも、お母さんは自分で考えて、たたくのをやめて、怒るのもやめることができた。

だからお母さんはすごい。

〝虐待は連鎖する〟

って言われているよね。

虐待を受けた人は、その言葉におびえている。

でも、〝虐待は連鎖しない〟と思う。

今まで自分が受けた子育てが正しいと思っていたら、子どもに同じことをしてしまう。

だから〝虐待は連鎖する〟。

でも、自分が受けた子育てがいけないことだとわかっていたら、それをやめようとする。

お母さんは、自分で考えてたたくことも怒ることもやめることができた。

だから、お母さん、〝虐待は連鎖しない〟の」

笑うことが苦手なお母さんが、ふっと笑みを見せてくれました。

その瞳には、涙がにじんでいました。

030/100

うまいっ！

だいきさんは、スポーツが好きで、小・中学校は、野球をしていました。

高校を卒業して、デザインの専門学校に通い、卒業後は、音楽関係の仕事に就いていました。

仕事に就いて数年たってから、だいきさんは、突然けいれんを起こしました。両親は、脳炎からけいれん重積を起こしたと説明されました。

それから、だいきさんは、自宅で過ごしていました。

だいきさんのけいれんは止まりません。ときどきけいれんしてしまいます。

お父さんとお母さんは、通所施設を探しましたが、けいれんの話をすると、どこも断られてしまいました。

外に出ることもできずに、ずっと自宅で過ごしているだいきさん。

社会から寸断され、行き場を失っただいきさんは、どうしようもない怒りを両親にぶつけます。

入浴や食事など、気に入らないと、お母さんをたたいたり、大声を出して叫びました。

そして、たびたび起こるけいれんで、機能がどんどん落ちていき、チューブを鼻から胃に入れて栄養剤を入れる経管栄養になってしまいました。

だいきさんと両親が、島はちを訪れたのは、そんなときでした。

島はちの通所に通えないかという相談でした。

島はちは、重症心身障害者の通所施設なので、中途障害のだいきさんは、本来は対象ではありません。

ご両親は、すべて断られたので、対象でないことをわかったうえで、わらにもすがる思いで島はちを訪れたのでした。

疲れ果て、この閉塞した状況を何とかしたいと必死に頼むお父さんとお母さん。

隣にいるだいきさんは、車いすに座り、頭《こうべ》を垂れたまま、こちらの様子をうかがっています。

お父さんが
「だいきは、あまりわからないので…」

というので、私は、

「だいきさんは、よくわかっていると思いますよ」

と答えました。

すると、すっとだいきさんが顔を上げ、私を見つめました。

どよーんとした眼が、輝きの眼に変わりました。

「こいつ、俺のことわかっているじゃないか」

そう語っているような鋭い眼でした。

お父さんとお母さんも自然と笑みがこぼれました。


制度は違うけれど、みんなで相談して引き受けることにしました。

でも、だいきさんは、その後もけいれんが止まらずに、会うたびに機能が落ちていきました。

反応も乏しくなっていきました。

そんな中、結局数回通っただけで、天国に旅立ちました。


お葬式に行ってきました。

会場は、学生時代、職場の友だちでいっぱいでした。

「胃チューブで栄養入れていたのに、亡くなる少し前に、私たちがご飯を食べているのを見て、珍しく昔のだいきの眼になっていたんです。

だから、ご飯とおしんこを用意したら、パリパリと音をたてて食べて、『うまいっ!』って言ったんです」

「通所の連絡ノートに、『笑って、親指たてていました。』って書いてあったのを見て、お父さんと喜んだんですよ」

お母さんが教えてくれました。

「外の空気を吸うことができて……、ありがとうございました」

お父さんは、そう言ってくれました。

両親に「うまいっ!」という言葉を残していっただいきさん

笑って親指たててくれただいきさん

輝いた眼で私を見てくれただいきさん

本当に守らなければいけないものは、制度ではなく、「心」なのだと教えてくれただいきさん

すばらしい出会いをありがとうございました。

このままでいい

小学校に入ったしずかちゃんは、あまりしゃべらない、友だちが少ない、人前でうまく話せないということで、外来にやってきました。

しずかちゃんは、外来でも緊張してあまり話しません。

でも、勉強は理解していて、学校生活も問題が見つかりません。

しずかちゃんを診察室から出して、不安そうなお母さんと私だけになりました。

お母さんが子どものときの様子を聞いてみると、

「人前でうまく話せませんでした。

もっとしゃべりたいと思っていたけどできませんでした。

母親（祖母）から、『もっと人前できちんとしゃべりなさい』といつもいつも言われていました」

と教えてくれました。

「お母さん、このままでいいんじゃないかな。

人って自分にないものをほしがるけど、お母さんみたいな、おとなしい女の人を好きになる男性は、世の中にいっぱいいますよ。

もしお母さんが、人前ではきはき意見を言える人だったら、旦那さんは、お母さんを選ばなかったと思うよ。

はきはき意見を言える人はそれでよし。

おとなしくて人前に出るのが嫌いな人はそれでよし。

だって、お母さんは立派なお母さんになっているからね。

それで、社会って成り立つんだと思うんだよ」

私がそう伝えると、
お母さんは、それを聞いて、笑ってくれました。

その笑顔からは、不安は消えていました。

032/100

おしまいはダメ

保育園に通うあゆみちゃん。

お母さんから、言うことを聞かないので困っていると相談がありました。

あゆみちゃんは、お父さんが大好き。

診察室では大好きなお父さんと一緒に遊んでいました。

レントゲンを撮りに行くために、お母さんが、

「遊ぶのおしまいにして、片付けましょう」

と言うと、

「いや！」

と首を左右に振ります。

「いつもこうなんです」

と困った顔のお母さん。

私は、

「あゆみちゃん、探検に行こうか？　面白い機械があるんだよ。面白い機械を探しに行くから、はやく片付けよう」

と言うと、

「行く！　探検行く！」

と言って、急いでおもちゃを片付けてくれました。

さて、レントゲンが終わり、診察室で、再びお父さんと遊びだしたあゆみちゃん。

レントゲンの説明が終わり、お母さんが「おしまい」と言うと、再びイヤイヤが始まりました。

私は、

「今度は、外に探検に行こう！　何がいるかな？」

と言うと、

「お外行く！」

と急いで靴を履こうとしました。

「お外行くために、一緒に片付けよう」

と言うと、急いで片付けてくれました。

外では、バッタを見つけました。

あゆみちゃんは、大喜び。

一緒に来たお父さんも喜びました。

「次は、お母さんにバッタがいたことを教えに行こう！」

と言うと、

「行く、行く」と言って、走り出そうとしたので、

「手をつなごうか！」

二人で手を大きく前後に振りながら、

「バッタ！　バッタ！」

とバッタの合唱をして、お母さんのところに行きました。


子どもにとって、「おしまい」「ダメ」と言うのは、楽しいことを中断させられてしまい、イヤイヤの原因になります。

それを、言うことを聞かないととらえて、親は怒ってしまいます。

子どもは、「探検」が大好きです。

「探検」すること、すなわち次の楽しいことを提示してから、片付けなどをお願いしてはいかがでしょうか？

東大物理

外来には、勉強が苦手な子どもがやってきます。

話を聞くと、三つのタイプに分かれると思います。

一つは、勉強が苦手なために、学校へ行けなくなる子ども。

一つは、勉強が苦手なために、自己肯定感が低いけど、何とかがんばって通っている子ども。

一つは、勉強が苦手でも、友だち関係は良好で楽しく学校へ通う子ども。

ともひろくんはこのタイプでした。


勉強が苦手でも、友だち関係が良好で楽しく学校へ通う子どものお母さんは、よく嘆きます。

「勉強しないで、友だちと遊んで

ばっかり」

そういうとき、私はお母さんに説明します。

「お母さん、ノーベル物理学賞とった東大の物理の世界では、ニュートリノとかカミオカンデなんて言ってるけど、お母さん、さっぱりわからないでしょ。

私もさっぱりわからない。

でも、東大の物理の人たちは、あれが楽しくて仕方がない。

その教室にお母さんが毎日行って、ちんぷんかんぷんの授業を受けて、友だちに

『こんなのもわからないの。へぇ〜』

って言われたらどうする。

それでも、毎日行かなければいけないんだよね。

ともひろくんは、そういう感じじゃないかな。

でも、毎日学校通っていて、明るく過ごして、友だちとも仲良くやるってすごいことだと思う。これって才能だと思うんだ。

社会に出たら十分やっていけると思うよ。

だって、社会に出たら、学校の勉強って必要なくなっちゃう。

筆算もしないし、漢字も書かない。だから、みんな漢字をどんどん忘れていく。

でも、携帯で調べればいいし、時間かかったってテストじゃないので大丈夫。

携帯は外づけの脳みそだよ。

大人の勉強は、仕事を極めていくこと。

高校は、今はいろいろあるので、お子さんにあった高校を探していけばいいよ。

さあ、小学校、中学校をどう乗り切るか考えよう」

多くのお母さんは、その話に納得してくれます。

その後も、外来ではお子さんのことを愚痴るのですが、お母さんに笑みが浮かぶようになる気がします。

(物理を専門にしている方、申し訳ありません)

034/100

いい子育てしているね

私は、外来でいつもお母さんに
「いい子育てしているね」

と伝えるようにしています。

でも、お母さんの多くは、

「そんなことないです」

「これでいいのか、いつも悩んでしまうんです」

と言います。

そんなときには、

「お母さん、この子って本当にかわいく育っているよね。

犬に例えて悪いけど、愛情いっぱい受けて育った犬って本当にかわいいよね。

それは安心感の中で育ったからだよ。

人に虐げられた犬は、人を見ると牙をむくよね。

そこには、悲しさがある。

この子が、こんなにかわいく育っているのは、お母さんの愛をいっぱい受けて安心感の中で育っているからだよ」

私は、そう答えます。


外来という短い時間の中で、お母さんの子育てに安心と自信をもってもらうために、どうしたらいいのか？

模索は続きます。

果てしなく。

わたしはあなたを愛している

私の母校、伊豆市天城中学校で行う「いのちの授業」をどう組み立てるか考えていたときのことです。

北海道の療育施設から報告書が送られてきました。

その報告書を何気なく見ていたところ、私の目はある文章に釘づけになりました。

それは、障害をもったお子さんの家族の手記でした。

お父さんは小児科医でお母さんは助産師さん。

お子さんは臍帯《さいたい》圧迫のために、8分間心停止した重症仮死の状態で生まれました。

小児科医が書いた手記だからでしょうか。

その手記は私の心に強烈に入り込んできました。

私は、その療育施設に連絡し、そのお父さんにご了解をいただき、天城中の「いのちの授業」のときにその手記を配布しました。

「いのちの授業」の感想に、その手記について書いてくれた生徒もいました。

「障害者の人でも一生懸命生きていること、親は本当に子供のことを大好きなんだということなどたくさん学ぶことができました。

また、配られたプリントには生死の境をさまよった息子のお父さんの思いがたくさん書かれていて、とても感動しました。

世界中すべての人々が五体満足、障害がなく生まれてくるわけではないけど、障害があってもなくても『命』の重さは同じだと思います。」

『奇跡がくれた宝物「いのちの授業」』（クリエイツかもがわ）にその手記を掲載しました。


それからしばらくして、北海道で学会が開かれました。

そのときに、お父さんが学会に参加するということで、初めて会うのを楽しみにしていました。


そんなとき、あまりにも突然、お父さんからメールが届きました。

「ご無沙汰しております。息子のいくまが6歳11か月の地上での歩みを終えて、天に召されましたことをご報告致します。」


この書き出しのメールには、急に心停止してしまったこと、ショック状態で急変したのではないかということなどが書かれていました。


学会で、お父さんは私に会いに来てくれました。

そして、文集をくれました。

いくまくんの生まれてからのことをつづった文集。

最後は、

「…いくまが早く新しい生活のペースをつかめるように願っています。」

と希望に満ちた言葉でした。

私は、学会での講演の最後に、いくまくんのことを紹介させていただきました。

お父さんからの突然のメールには、次のことが書かれていました。

「いくまはこの地上での歩みを全うし、神様に『わたしのところに来なさい』と声をかけられて素直に従ったんだと思います。いくまを通して私たち夫婦も、また私たちを支えてくださった多くの方々とも主にある幸いを確認することができました。天国では、いくまのことですので控えめに『なかなかいいところだ』とくつろいでいるかもしれません。」

聖書の言葉です。

〝わたしの目には、あなたは高価で尊い。わたしはあなたを愛している。〟

いくまくんは、今も多くの人の心の中で生き続けています。

036/100

うそと言い訳

外来で、お母さんが嘆きます。

「最近、あかりがうそをつくようになったんです」

聞いてみると、

「『小学校の宿題をした？』と聞くと、『した』と言ったが、実際はしていなかった。見え透いた嘘をつく」

と言うのです。

さらに聞いてみました。

「いつもは、私（お母さん）と宿題をやるんだけれど、その日は、おばあちゃんの家にいて、

『宿題をやっていてね』と言ったのにやっていなかった」

と言うのです。

私は、

「それは、うそでなく言い訳だと思う。

お母さん、やっていないと言うと怒るでしょ。

だから怒られないようにするためにいろいろ言い訳を考える。

でも、子どものことだからすぐばれるし、結果的にうそになってしまう。

そのときに、『宿題、一緒にやろうか』と言ってみたらどうかな？

宿題やっていたら、『もう、宿題自分でやったよ』と言うだろうし、やっていなかったら一緒にやると思う」

「それから、言い方も『しなさい』ではなく『してみようか』など、語尾を考えて、低音でゆっくりになる声かけを選んでみたら」


お母さんの硬い表情が思わずほころびました。

めでたし、めでたし。

笑わせるつもりだったのに

先日、外来に女の子がやってきました。

その子は、言葉は遅れていますが、いつもニコニコしていて、一緒にいるだけでこちらも幸せな気持ちになります。

「お母さん、家って港だと思うの。家という港を出て、外で荒波や嵐に遭遇し、そして港に戻ってくる。だから、家という港がしっかりしていることが大切だと思う。

この子がこれだけニコニコしているのは、家という港がしっかりしていて、いい子育てしているっていうことだと思うよ」

それを聞いたお母さんもニコニコして、

「ありがとうございます」

とお礼を言ってくれました。

それから、お母さんは、

「4年前に、児童相談所で愛の手帳（東京の療育手帳の名）の判定をしてもらったお医者さんにも、『この子はまわりを幸せにする天使のような子だね』と言ってもらったことがあります」

と教えてくれました。

私は思わず尋ねました。

（小沢）「お母さん、そのお医者さんって男性？」

（母）「はい」

（小沢）「そのお医者さんってハゲてた？」

（母）「はい、ハゲです」

（小沢）「お母さん、それは、私です」

お母さんは、「エッ」と叫び、なぜか凍りついたのでした。

笑わせるつもりだったのに……。

038/100

意地

ダウン症の成人男性、よしきさんの話です。

お母さんは、よしきさんの自傷に困っていました。

夕方、お母さんが、よしきさんをお風呂に入れようとしたときに、自分の顔をガンガンたたきます。

お母さんは、何とかお風呂に入れ、体を洗おうと必死でした。

でも、抵抗して、自分の顔をガンガンたたきます。

お母さんは、疲れ果て、

「じゃあ、入らなくていいよ」

と言って、無理矢理お風呂から出しました。

お風呂にきちんと入らなかったので、いつもお風呂上がりに食べるご褒美のアイスをあげませんでした。

よしきさんは、(えっ、どうしたの?)って顔をしました。

翌日、

「お風呂、どうする?」

って聞いたら、嫌そうな顔をしたので、

「じゃあ、着替えて」

と言って、お風呂に入れませんでした。

当然、アイスもあげません。

そのときは、自傷は出ませんでした。

お母さんは、そのエピソードを話したあとに、私に教えてくれました。

「今までは、寒くないかなって思って、暖房つけたり、よしきに少しでもいいと思えることをやっていたんです。

でも、私、意地はってた。

汚くしていたらみっともないっていう、母親としての意地が逆に邪魔させているんだと思った。

2〜3日、風呂入らなくても死にやしないし…。

はたからみて、きれいでなければどう見られるかと思って、私が40度熱あっても、よしきをお風呂に入れていた。

私、いつもよしきのことを考えている。

それで疲れる。

ここ何日か、二人で外出して、余計な気をつかいすぎて、あの子が重くなっているのではないかと思った。

生活改善から、考えていきます。

だから、薬やめてみたいんです。

私が、こんなんだからあの子に迷惑かけている」

私は、お母さんの提案どおり、薬を止めました。

いつも、外来で涙を流していたお母さんは、その日は泣きませんでした。

次の外来では、二人とも笑って外来にやってきました。

039/100

社会貢献型
ADHD

「ADHD（注意欠如・多動症）には、社会をリードしていく『社会貢献型ADHD』という人がいると知り合いの先生が言っている」と、風の便りで聞きました。

社会貢献型ADHDとは、ADHDと言われている坂本龍馬、エジソン、アインシュタインなど、多動で動きまわるが故に、社会をリードするような仕事をしていく人のことを指しています。

しばらくして、「社会貢献型ADHD」を提唱している先生にお会いできました。

そのことをお伝えすると、

「小沢先生、最近もう一つ発見したんや。

ADHDの人は、齢《とし》とってくるとますます多動になってくる。

あれは、抑制がとれていくんや。

あれは老化や。

動き回ってぽっくり逝く。

そんな人を何人か見てきた。

小沢先生、そうやないか？

気をつけてな！」

と言って、ニコッと笑って去っていきました。

すごい説得力！

健康に気をつけようっと。

啐《そっ》啄《たく》同《どう》時《じ》

外来で、お母さんから「子どもが怒る、口ごたえする」という訴えをしばしば聞きます。

どんなときに、子どもが怒ったり、口ごたえするかお母さんに聞くと、

「勉強しなさい！」

「お風呂に入りなさい！」

「歯を磨きなさい！」

など、お母さんが言ったことに対して、反抗的になっていることがほとんどです。

そんなとき、私は、「啐啄同時」の話をします。

「啐啄同時」とは、卵の中でひな鳥が、「もう生まれたい」と内側から殻をつつく。

すると、親鳥は「準備ができたか」と感じて、外側から殻をつつく。

殻の中からつつくのと外からつつくのが一緒になったときに、殻を破ってひな鳥が生まれる。

タイミングが大切です。

それから一つ提案をします。

「あいさつなど、必要最小限のことは声かけるけど、それ以外はお母さんからは声かけないでみたらどうかな？

でも、子どもから声かけてきたときは、それには楽しい言葉を意識して応えてあげよう。

宿題など、やるかやらないか観察してみよう。

やらなかったときは、また対策を考えてみよう。

でも、お母さん、声かけないというのは、本当につらいことなんですよ。

だから、声かけたくなったら、お母さんがその場から離れてみよう」

そうすると、結構、子どもからお母さんに声かけるようになります。

「啐啄同時」。

タイミングは難しいですね。

言わないことって本当に難しい。

でも、子どもはあっという間に社会に出ていくので、その準備だと思いましょう。

「自己決定・自己責任」の心を育てるために。

（人と社会―福祉の心と哲学の丘―阿部志郎、河幹夫著参照）

心の鏡

自閉症の子をもつお母さんが、泣きながら話してくれました。

今まで仲良く話をしていた弟の友だちの母親が、自閉症の子に会ったとたん、表情が変わり、それからお母さんを避けるようになった。

ということでした。

私は、そのお母さんにある女性の話をしました。

女性は、学徒動員で空襲にあい、首に火傷を負ってしまったのですが、奇跡的に助かりました。

女性は、年頃になったときに、お見合いがありましたが、

「首に傷のあるような嫁はもらえない」

と相手の母親に言われてしまいました。

女性は空襲で火傷を負ったんだと仲介してくれた人は説明してくれましたが、結局断られてしまいました。

そのため、女性は結婚をあきらめました。

それからしばらくして、再び女性にお見合いの話がありました。

女性は、首の傷のため断りましたが、それでもいいからと先方が言っているというので、仕方なくお見合いすることになりました。

そして、結婚することになりました。

結婚してみたら、旦那さんはとてもやさしくて女性の言うことを何でも聞いてくれました。

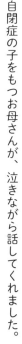

息子さんが障害をもって生まれ、大変な思いをしましたが、旦那さんは息子さんにもとてもやさしくしてくれました。

そして息子さんは島田療育園に入所しました。

「あの人（旦那）は、もう死んじゃったけど、幸せでしたね」

「首の火傷のおかげです」

しみじみとそう語りました。

私は、話を続けました。

「お母さん、その話をしたときに、『ひどいわね』となぐさめてくれた人がいたでしょ。

なぐさめてくれた人が友だちなの。

避けるようになった人は、それだけの人なの。

よかったね。

自閉症の子は、『鏡』なんじゃないかな。

人の心を映し出す『鏡』。

世の中にはいろいろな人がいるので、『心の鏡』に映った姿を観ながら、生きていけばいいと思うよ」

「そうですね」

お母さんは、そう言うと笑って、外来をあとにしました。

ベビーベッド

12月になり、ついにこの日がやってきました。

今日は、せいやちゃんの退院の日です。

せいやちゃんは生まれつき呼吸をするのがうまくできずに、眠ると呼吸を止めてしまいました。

生まれたときには、そのことがわからずに何回も顔色が悪くなりました。

肺炎もしました。

けいれんもしました。

腸がうまく働かないために大きな手術もしました。

2年の月日を経て、やっと、我が家に帰れることになりました。

退院のときは、私も家まで一緒に行きました。

せいやちゃんにとっては、初めて見る病院以外の世界。

夜に備えて、人工呼吸器を設置する場所をお母さんといっしょに探していたときのこと。

突然、お母さんが笑いだしました。

「あらやだ、このベビーベッド、ちっちゃくてせいやちゃん入らない。
せいやちゃんこんなに大きくなったんだ」
お母さんが用意していたベビーベッドは、せいやちゃんが生まれる前に買ったもの。
どんな子が生まれるかと期待に胸をふくらませていたとき…、
生まれてから体が真っ黒になってNICU（新生児集中治療室）に運ばれたとき…、
気管切開をしたとき…、
お腹の手術をしたとき…、
お父さんお母さんが涙にくれたとき…、
ベビーベッドはいつもここにありました。
お母さんの笑い声とともに、ベビーベッドの笑い声も響きました。
ベビーベッドは、1回も使ってもらうことはなかったけれど、せいやちゃんの退院を喜んでいました。
きらきらと輝くクリスマスツリーとともに。

ママ

私たちは、「相馬ふるさとプロジェクト」を行っています。

児童養護施設の子どもたちが、福島の相馬でボランティアをして、相馬のホストファミリーの家に泊まり、家庭の雰囲気を経験してもらうというプロジェクトです。

東日本大震災後、仮説住宅に住まれている方々にあくりるたわしを作ってもらい、それを販売するという活動の中、相馬の温かさに触れ、この温かさを児童養護施設の子どもたちにも味わってほしいなというのがきっかけでした。

相馬のホストファミリーは、子どもたちを受け入れてくれました。

あるホストファミリーのお母さんが、教えてくれた話です。

初日は、何を話したらいいのかよくわからずにいたのですが、
2日目に
「ママに、何年も会っていないんだ」
とホストファミリーのお母さんに話したのち、しばらくして、
「ママって呼んでいい？」
と言って、
買い物に行っている間、
「ママ、ママ」
とずっと手を握っていたということでした。

帰ってきてからも、子どもたちは相馬での写真を食堂に貼ったり、電話で盛り上がったり、相馬の温かさを喜んでくれていました。
このプロジェクトの大切さを感じました。

044/100

ありがとう作戦

外来では、子どもをほめられないというお母さんによく出会います。
以前、「子どもをほめましょう」と言ったとたん、
「ほめろほめろって、どの本見ても書いてあるけど、ほめろって何なのよ！」
と叫び、泣きだしたお母さんがいました。
お母さんたちは、子どものときにほめられた記憶がなく、ほめるモデルがありません。
だからほめろと言われても、ほめ方がわからないのでした。
「ほめる」という言葉がお母さんを追い込んでいたのでした。
それ以来、私はお母さんに、「ほめる」という言葉を慎重に使うようになりました。

「お母さん、〝ほめる〟って欧米文化だと思うんだよね。
毎日、朝起きると、奥さんに〝アイ　ラブ　ユー〟っていう国だよ。
で、そのアメリカは過半数が離婚している。
お母さん、子どものときほめられて育った？
ほめられてないよね。
だからどうしていいかわからない。
日本って、ほめない文化なんだよね。

〝粗品〟〝愚息〟〝愚妻〟なんて言葉があるし、

〝つまらないものですけど…〟

って言って、物を人にあげる。

アメリカで、〝つまらないものですけど〟って渡したら、

〝そんなもんいらん〟

って突き返されると思うんだよね。

だから、日本人は、無理にほめる必要はない。

でも、日本人もほめることはできる。

日本の文化でほめるは、〝ありがとう〟だと思う。

お母さん、お子さんに〝ありがとう〟って言ってみたら」

そう伝えると、多くのお母さんは
「やってみます」

と言ってくれます。

これを、「ありがとう作戦」と命名しています。

皆さん、いかがでしょうか。

045/100

毎日の電話

外来で、お母さんがため息をつきながら相談してきます。
「担任から、毎日電話がかかってきて子どものことを報告してくる。
それを聞くのが怖くて、怖くて」
と。
担任の先生はよかれと思って、指導のつもりで報告してきます。
でも、悪気はないのですが、真綿で首を絞めるようにじわじわと追い込んでいきます。
専門家は、知らず知らずのうちに親や子を傷つけていることがよくあります。
私も同じです。
私の外来には、来なくなってしまった人がいます。
他につながってくれればいいのですが、医療につながらなくなってしまう場合もあります。

だから、私は、最近はできるだけ傾聴するようにしています。

お母さんが負担に感じる対応をしている担任と話す機会があると、私はその担任にこのように伝えます。

「正論を言われるとイライラしますよね。

『なんで、ポケットにティッシュ入れたままズボンを洗濯機に入れるの！』なんて妻に言われると、言い返せない。

正しいだけに余計頭にくる。

お母さんも、担任の先生の言葉をそんなふうに感じているかもしれませんね。

ちょっと毎日の電話連絡をやめてみたらいかがでしょうか？」

担任が電話連絡をやめるだけで、お母さんのストレスは減ります。

正論は、ときに「刃《やいば》」となります。

でも、「刃」と気づいたら、刀を納めればいいのです。

046/100

生まれてきてくれてありがとう

私は、いのちの授業を行っています。

生徒に、自分が生まれたときのことを家族や養育者の一人にインタビューして、それを作文にしてもらうという宿題を出して、その作文を私が紹介するという授業です。

その宿題をチェックしていると、ある生徒のお母さんが作文を書いていてくれていました。


「私はお腹の中の赤ちゃんが大きくならず、2か月入院しておりました。その日は、昨日まで元気だったお腹の赤ちゃんが苦しがっているとの事で、緊急帝王切開で赤ちゃんを出す事になりました。『お腹から出して大丈夫なのか』と不安で体が震えました。

予定日より早く生まれた赤ちゃんは490g、胸回り17㎝、黄疸で体が真っ黒でした。その病院では小さな赤ちゃんを診ることができず別の病院へ。

追いかけていった主人は何かあったらすぐに駆けつけられるように、１週間病院に泊まりました。赤ちゃんはとても不安定な状態が続きました。

生後３日目に赤ちゃんが危ないと連絡を受けて、まだ入院中だった私は車イスに乗り、初めての面会。

保育器に入り、人工呼吸器をつけて、手足に点滴や輸血のコード、手のひらに乗るくらい小さな姿を見て、涙がとまりませんでした。

主人から『はるなと名付けた』と聞き、一緒に名前を呼び、助かるように強く願いました。生後１週間目、今度は緊急手術をする必要となり、また別の病院へ移りました。毎日栄養のある母乳を届けました。

その後、何回かの危機を先生に助けていただき、本人の頑張りもあり、乗り越えることができました。

そして７か月目にやっと退院することができました。はるなを抱き、寝顔を見ているだけ、寝息が聞こえてくるだけで幸せでした。

小さな赤ちゃんの生命力に感動しました。

生まれてきてくれて、生きていてくれて本当にありがとう。

小さな小さな体で、色々な事をたくさん乗り越えてきたね。これからは何があってもあなたを守るから一緒に頑張ろうね……と思いました。」

はるなさんは、新生児集中治療室を退院したときから、私がずっと主治医をしています。この作文は、お母さんが私にくれた贈り物でした。

047/100

わろうてる

こうたさんが、26年の生涯を終えました。

私が医師２年目のときに、新生児科で最初に頭部エコーをして以来26年間、私の医師人生とともに歩んでくれました。

旅立った日に自宅にうかがいました。

時計は22時をまわっていたけれど、お母さんとお父さんは、私を迎えてくれました。

新生児のときのこと、胃ろう・腸ろうをしたこと、喉頭気管分離術のこと、入院中に骨折してしまったこと、腸ろうが穿孔《せんこう》して、腸に穴が開いて緊急手術をしたこと、冬は低体温で体温計で測れなかったこと、点滴や採血が難しかったこと、細菌が全身にまわる敗血症で死にかけたこと、外来で急遽人工呼吸器を始めたこと、訪問診療医が診療してくれて本当に助かったことなど、走馬灯のようによみがえる思い出を、一つずつふり返りながら語り合いました。

お母さんが語っていました。

「旅立つときは、すーっと心臓が止まり、私は最期のときに間に合わなかったけど、本当に穏やかないい顔をしていたから、これでよかったのかなって思えたんです」

お母さん、お父さんと一緒に思い出を語っている傍らで、こうたさんは笑っているように見えました。


こうたさん、今まで私を育ててくれてありがとう。

天国でもわろうてるやろね。

いい夫婦の日

よしおくんは、中学生の男の子。

検査の結果を聞くため、両親が訪れました。病院に来た理由は、勉強が苦手ということでした。結果は、注意がすぐ他のことにいってしまい、集中ができないという結果でした。成績は、３が多くて２がパラパラ。

お母さんは、

「私が妹ばかりかまって、ほっておいてしまい、よしおはテレビばかり観ていたんです。だから、今もテレビばかり観て、友だちともあまり遊ばないし、私の育て方が悪かったんでしょうか？」

と涙を浮かべながら質問してきました。

私は、そんなお母さんに答えました。

「全体で言えば、中の下かな。でも、中の下は世の中に五万といる。家にばかりいて、友だちとあまり遊ばないといっても、学校の生活はきちんとできているし、友だちもいる。小さいとき、テレビばかり観せていたといっても、幼稚園や学校は行っていて、社会性を学ぶ機会はいっぱいあった。テレビを観るって普通のことだし、お母さんのせいじゃない。家にいるのが好きなんだよね。お母さんが、今まで自分のせいだと思っていたんだったら、それは大きな勘違い。今までつらかっただろうね。もっと早く来ればよかったのにね」

お母さんは、肩を震わせ、声を押し殺して泣きました。

それから、

「私も、同じくらいの成績、この子とおんなじだった気がします」

「お母さん、それじゃあ安心だね。だって、お母さんは、学校卒業して、結婚して、子育てしているんだから。いい見本がここにあるんだから大丈夫ってことだよ」

親のたった一つの願いは
―わが子のしあわせ―

そのやりとりを、お父さんは何も語らず、ずっとお母さんを見つめていました。

11月22日、いい夫婦の日の出来事でした。

049/100

香《きょう》車《しゃ》

すすむくんが私の外来にやってきたのは、春のことでした。

家の中では普通に話すのに、外ではまったくしゃべりません。

すすむくんは、

「幼稚園だと、ドキドキして友だちと話せない」

とお母さんに伝えます。

声は出ませんが、友だちとはよく遊んでいました。

お母さんは、悩んだ末に、すすむくんの小学校を通常学級にしました。

小学校でも声は出ませんが、授業も音読以外問題なく、いじめもなく友だち関係も良好でした。

問題がないので、年1回の外来診察にしていました。


そんな折、お母さんから手紙が届きました。


「いつも大変お世話になっております。

一年ぶりに診察予約してありますが、本日はその前にうれしいお知らせがあります。

すすむは長いこと、場面緘黙《かんもく》で、学校では緊張し、一言も話せず相変わらずでした。

本人も悩み始めていました。

2学期になり、突然すすむから
『明日から話すとクラスのみんなに宣言するから、担任の先生に連絡してくれる?』

と言い出しました。

私は、

『いいけど、宣言しなくても、仲がいい子と少しずつ話すようになったらいいんじゃない?』と答えました。

『イヤ…、面倒だから、みんなの前に立って宣言する』

と言うのです。

それから、校長先生を巻き込んでの打ち合わせをして当日に挑みました。

まず、朝、校長先生のところに行き、
校長室で話せたら↓前の担任と↓現在の担任と↓

OKなら↓みんなの前へ
ということを、校長先生が考えてくれたのです。

その日の朝は、私は心配で、内緒で廊下に張りついて隠れて見ていました。


そして、みんなの前に出て担任から紹介され、すすむが
『今日から少しずつ話したいと思います。よろしくお願いします』

と宣言しました。

このセリフも自分で考えていたようです。

小さい声でしたが言えました。

クラスの歓声と拍手で私は泣けてきました。

大さわぎすることなく、ほどよい拍手で、すすむのことをみんながとてもよくわかってくれている反応でした。

話せるようになるのは高校生くらいになってからと、気長に構えられるようになってきた私には劇的な瞬間でした。

こんな日が来るとは…。宣言した日は、記念日とすすむが自分で言いました。

学校行事で10歳の1/2成人式がありました。

体育館で自分で考えた決意を(漢字一文字で表す)一人ずつ発表しました。

4年生と保護者の前で、

『僕は、将棋の香車から、〝香〟という字を考えました。

香車は、前しか進めないけど、ちょっとずつ進んだら金になれます。

だから少しずつ難関を越えれば何でもできるようなすごい人になれるという理由です』

立派に言えました。

とても我が子の成長に感激しました。

これまですすむに関わるすべての方々、先生方にとても恵まれていたことに感謝しています。」


手紙が届いた数日後、すすむくんとお母さんが外来にやってきました。

「すすむに、『なんでしゃべらないんだよ』
とずっとちょっかいを出してくる男の子がいて、すすむが嫌がっていました。
でも、すすむがしゃべったときに、その男の子が私のところにやってきて、
『おばさん、すすむがしゃべってくれて、俺、涙出そうだよ』
と言ってくれたんです」
お母さんが報告してくれました。

私は、すすむくんに聞きました。

「すすむくん、なんでしゃべろうと思ったの?」

すすむくんははっきりと答えました。

「楽しいから」


「この病院も、今日で卒業だね」

と、私が言うと、すすむくんはニコッとして深くうなずきました。


すすむくんが宣言すると決めた前日に、お母さんが、

「明日、大丈夫?」と聞いたら、
すすむくんは、

「しゃべりたくて、わくわくする」

と答えたそうです。

050/100

ぎゅーしてくれる

ひろゆきくんは、家でイライラが多いということで、島はちのコーディネーターが面接をしました。

話を聞くと、お母さんはひろゆきくんを強く叱っていました。

お母さんは、子育てにほとほと疲れていました。

早速、子ども家庭支援センターに連絡して、子育ての相談にのってもらうことにしました。

そして、数か月後に私の外来にやってきました。

最初は、お母さんと面接をして、ひろゆきくんは別室で絵を描いてもらいました。

お母さんは、子ども家庭支援センターの方から、

「1〜2回だけでそれからは言わないようにしましょう」

と言われた指導を守っていて、以前よりひろゆきくんがイライラしなくなっていると報告してくれました。

次に、ひろゆきくんに診察室に入ってもらい、お母さんは外で待ってもらいました。

ひろゆきくんが描いた絵は、紙いっぱいに描かれていて、絵の中の人が笑っていました。

私はマジックを披露し、緊張をとったあとに、ひろゆきくんに質問しました。

ひろゆきくんは、

「学校は楽しいし、家も楽しい。お父さんはやさしいし、お母さんもやさしい。学校楽しい点数は１００点、家楽しい点数も１００点」

と教えてくれました。

今度はお母さんに診察室に入ってもらい、ひろゆきくんがマジックを披露しました。

驚いて、それから笑うお母さん。

私はお母さんに伝えました。

「ひろゆきくんはね、学校も家も楽しくて、学校楽しい点数は１００点、家楽しい点数も１００点。お父さんはやさしいし、お母さんもやさしいんだって」

それを聞いたお母さんは、不安そうな顔で、

「お母さん、やさしくないよね」

とひろゆきくんに聞きます。

するとひろゆきくんは、

「ぎゅーしてくれるじゃん。ぎゅーしてくれるのがいい」

と答えます。

お母さんは、ぎゅーするのが苦手でしたが、意識的にぎゅーするようにしていました。

（お母さん）「うそじゃないの？」

（ひろゆきくん）「本当だよ」

（お母さん）「でも、ケンカすると嫌になっちゃうんじゃないの？」

（ひろゆきくん）「ちょっとだけだよ」

（お母さん）「最近、ケンカ減ったもんね」

お母さんの瞳から涙がこぼれました。

子育てに不安を抱えながら日々を送っているお母さんはいっぱいいます。

そんなお母さんを、子どもはみています。

お母さんの不安を取り去る魔法の力は、子どもがもっているんですね。

私の話だって、いいところなんだから

我が娘は、なんで都合の悪いときに家に帰ってくるのでしょうか?

私がテレビドラマを観ているときに、娘が帰ってきました。

いきなり、

「ネェー、V6の岡田くんが、宮崎あおいと結婚したんだって、…ペチャクチャペチャクチャ…」

ずっと話し続ける娘の話に返事もせずにドラマに集中していると、

「ネェー、私の話、聞いてるぅ!!」

と娘が大きな声で聞いてきます。

「ねぇ、いいところだからテレビ観せて」

と私がお願いすると、

「エー、私の話だって、今いいところなんだから、それでねェ、岡田くんってさァー、…ペチャクチャペチャクチャ…」


と娘は、さらに話を続けます。

テレビが感動的な場面にさしかかり、私の目に涙がたまりかけると
「ネェー、パパ泣いてるのォー? ウッケルゥー! ママ、ママ、パパ泣いてるよ。超ウケルんだけどォー!、笑えるゥーーー!!」

と言って、大笑いしながら、私の顔をのぞき込んできました。

私の涙はすーっと引き、感動は吹き飛び、内容もわからず、ドラマは終わってしまいました。


(はぁー)

これが我が家のクリスマスでした。

落ち込むのも悪くない

ともこさんは、学校に行くことができずに私の外来に来ました。

外来では、「死にたい」と言って、泣きました。ずっと泣きました。

私は、ともこさんに、マジックを披露しました。

ともこさんは、驚いた顔をしましたが、少し笑ってくれました。

私は、

「何にもしてあげられないけど、一緒に笑うことはできるかな」

と話しました。

それから、ともこさんは、マジックをやりに外来に来てくれました。

外来のたびに、ともこさんは、学校の怖い夢を見ること、眠れないこと、自分なんて生きている意味がない、などと訴えてきました。

私は、家族以外の人とつながりをつくるために、ともこさんに訪問リハビリを提案しました。

乗り気ではなかったけれど、ともこさんは同意してくれました。

訪問リハビリに徐々に慣れてきたともこさんは、不登校の子のための教室に行くようになりました。

何もやることがないと言っていたともこさんは、吉本のお笑いのＹｏｕＴｕｂｅを観たり、ダンスをするようになりました。

「でも、落ち込むんです。そんなときは、どうしたらいいんですか？」

と聞いてきたともこさんに、

「落ち込むようになったんだね。落ち込むってことは、いい状態があるってことだね。今までは、落ち込むこともできなかったもんね」

と言うと、ともこさんは、はっとした顔をしました。

「ともこさんは、今まで自分というものがなかったけど、自分というものが見えてきたね」

ともこさんは、軽くうなずきました。

次の外来で、ともこさんは、オーディションに申し込んだことを教えてくれました。

そして、

「最近、落ち込まなくなったんです」

と教えてくれました。

落ち込むのも悪くないですね。

娘のためにすべてがあった

お母さんは、いつもうつむきがちで、穏やかに語ります。

かなえちゃんは、学校に苦手な子がいて、それを我慢するのがストレスになっています。

お母さんは、

「どこにでも、そういう子はいるから。距離を置きなさい」

とかなえちゃんに説明しました。

かなえちゃんは、

「それはわかった。だけどつらいんだ」

とお母さんに言ったそうです。

私は、

「お母さん、いいこと言うね。いい子育てしているね。

お母さんは、子どものときに、ほめられて育ったの？」

と何気なく聞きました。

そうしたら、お母さんは、少し黙ったあとで、穏やかに淡々と語り始めました。

「虐待を受けていました。

動いちゃダメ、しゃべっちゃダメ、じっとしていなさいと言われていました。

殴られ、蹴られ、雪国だったので、吹雪の中、逆さにぶら下げられたり、自分の意思で動くことを許されませんでした。

兄にも、殴られ、蹴られました。

中学のときに、崖から飛び降りて死のうと思って、崖のほうに歩いて行ったら、途中のお墓から、

『死ぬなー、こっち来るなー』

という声が聞こえて、お墓が怖くて崖に行けませんでした。

高校1年のときに、自分の中の蓋が外れ、マグマがはじけた瞬間があり、親に刃向かって家から出されました。

16歳で家出して、それからが大変でした。

自分一人の人生でした。

高校も中退して……。

中学3年のときに、今まで冷たかった後輩にやさしくしたら、後輩は私にやさしくなってきました。

だから、やさしくするってこういうことなんだと、人にやさしくすることによって学びました。

今までのすべてのことは、私をやさしくするためにいろいろされたんだと思います。

これがなかったら、私は人にやさしくできなかったと思います。

今は、お父さん(旦那さん)もやさしいし、
私は、虐待の連鎖を断ち切るために生まれてきたんだと思います。

かなえのためにすべてがあったんだと思います。

今は、かなえが笑ってくれたら幸せ
「虐待は連鎖する」

この言葉におびえている人に伝えてほしいと、お母さんは私にこの話を託してくれました。

三つのパターン

ADHDのはやとくんのお母さんが、ため息交じりに相談してきました。

「担任の先生から、

『授業中、すべての質問に手を挙げて答えてしまい、困っているんです』

と言われてしまったんです。どうしたらいいでしょうか」

はやとくんは、以前は、学校で友だちとケンカをして、授業も聞いていない問題児でした。

でも、お母さん、学校、そして何よりもはやとくんの力で、よくなってきたのでした。

私は、お母さんに聞きました。

（小沢）「お母さん、それはどんな感じで担任の先生は言ってたの？」

（お母さん）「明日、病院に行くので、最近の学校の様子と、小沢先生に何か伝えたいことがあったら言ってください」

（先生）「……、授業中、すべての質問に手を挙げて答えてしまい、困っているんです。

でも、うまくかわしていますけどね、ハハハ！」

それを聞いて、私はお母さんに説明しました。
「お母さん、学校からの報告って三つのパターンがあると思うんだよね。
1　学校から電話がかかってるパターン。
　これは、友だちをケガさせたなど、緊急を要する場合。
2　保護者面談や、学校の公開授業のときに呼び止められるパターン。
これは、緊急ではないが、日頃学校が困っていると思っている場合。
3「病院に行くから何かあるか？」と親に聞かれ、それに答えるパターン。
　これは、担任の先生が、せっかくだから何かないかなと問題点を探し出す場合。
3の場合は、先生の困った気持ちは低いので、そのままでいいんじゃないかな。
はやとくんが、質問に手を挙げるのは、授業を聞いていてやる気がある証拠。
それをうまくかわしている先生はすばらしい。
『ありがとうございます』って言えばいいんじゃない。
気にしなくていいと思うよ」

お母さんは、「そうですね」
とすっきりした顔になりました。

一文字メモ

自閉症スペクトラムのきよしくんに教えてもらったことです。

今まできよしくんは、帰りの学活の場面でメモをとるときに「国語、算数…」としっかり書いていましたが、時間がかかってしまい、友だちが帰るまでに書き終えることができません。

友だちと一緒に帰りたいので、メモをとることをやめてしまいました。

メモを書かない理由を知ったお母さんは、きよしくんにあるアイデアを伝えました。

「『国語』だったら、『こ』と一文字にして、あとから清書すればいいんじゃない？」


それを聞いたきよしくんは、メモを書いて帰ってくるようになりました。

そして、学活の場面以外でも、メモをする習慣ができてきました。

さらにうれしいことがありました。

今まで、テスト用紙を汚すのが嫌いだったきよしくんは、暗算で計算して、答えだけを書いていたのですが、なんと！　テスト用紙に計算式を書くようになりました。

また、わからない問題で止まってしまい、その先を解けなかったきよしくんが、できない問題を飛ばすことができるようになったのでした。

「お母さん、すごいね～」

感心する私に、お母さんは、もう一つ教えてくれました。

「ゲームの言葉がいいんですよ。『Completeしたね』『Clearしたね』とか」

お母さんのアイデアに脱帽しました。

以和為貴（わをもってとうとしとなす）

私がお世話になった、大学の先生が天国へ旅立たれました。

先生の教室は、夜になると酒盛りが始まり、お酒が好きな教官や学生が集まって、いつも盛り上がっていました。

ほぼ毎週、先生の教え子である、生理学はじめさまざまな分野の先生方が全国から講義に来られ、そのあとは教室でお酒を酌み交わし、学生時代から最先端の話を聞かせていただきました。

私は、大学5年のときから机をいただき、いつもその教室で勉強をしていました。

大学6年のとき、週1回の卒業試験に通るたびに、先生に「通りました」と報告し、

「小沢さん、今日は特別だからお祝いをしよう」

と報告のたびにお酒を飲ませていただき、大学卒業のときには、感謝状もくださいました。

卒業後も、私にお手紙を送ってくださいました。

2016年12月に、先生からお手紙をいただきました。

その手紙には仙台に戻らなければいけないのだけれど、いまだ高知に残っていることと、初代学長からの手紙が添えられていました。

「大学は、種々の職種の多人数からなる集団であります。聖徳太子は人のあるべき姿として、『以和為貴』という言葉で諭されています。教授の皆様には、この言葉を肝に銘じて、高知医科大学を活気溢れる、しかも和気あいあいたる大学となるように、御尽力願いたいと思います。

なお、最後に、一たび高知医科大学に教授として奉職される以上、この土佐を墳墓の地とする位の覚悟を持って来て欲しく、これが私の皆様に対する期待であり希望であります。

高知医科大初代学長」

先生のまわりには、いつも人があふれていました。

「以和為貴」を学生時代からずっと私に教えてくださり、土佐を墳墓の地とされた先生のご指導が私にとっての財産です。

057/100

respect（尊敬）の心をもって診ること

島はちの外来をされていた先生が、2018年3月28日をもって外来を終えました。

1962（昭和37）年から小児科医・臨床遺伝専門医として働かれ、特にダウン症の子どもと家族とともに歩んでこられました。

島はちが開設して1年たったときのことです。

八王子市から、患者さんたちの親御さんから要望があり、外来を開設してもらえないかと話がありました。その要望をしてこられたのが、先生でした。

以前にお世話になり、とてもありがたいお話だったのですが、経営的に厳しい時期でもあり、所長として、

「お金は、先生のお立場からするととても安くなってしまいますが、それでもいいでしょうか」

と説明しました。

でも、先生は、

「ありがとう、これで子どもたちを診ることができます」

と、はるか後輩の私に、深々と頭を下げてくださいました。

そして始まった外来。

先生は、いつも外来でニコニコされて穏やかな口調で語りかけ、温かい雰囲気で子どもと家族を包み込んでいました。

先生とお母さんが話していると、子どもが不満に思います。

だから、診察の最後に、

「僕に何か話したいことはありませんか」

と子どもに必ず聞き、握手をしていました。

最後の診察の日、先生は私に贈り物をくれました。

一つは、ダウン症の診察のポイント。先生の手書きのまとめです。

もう一つは、

「これからの小児医療に望むこと—Biopsychosocial（生物心理社会的）な視点を目指して—」

という論文です。

「ダウン症外来には乳児期から診ている患児（者）が成人した後も来ており、小児科外来では予想もしなかった課題をもって来院するものも少なくない。

彼らとその両親たちのかかえる問題を、単に『18歳を過ぎたから小児科・小児病院では診れないので内科あるいは精神科で…』という訳にはいかないのである。

成人期・老年期の彼らのもつ問題には子ども時代から抱え・背負ってきた課題が深く関わっている場合が少なくない。単に年齢で切って診る現行医療制度に大いなる疑念を抱かざるを得ない。

発達遅滞はあるが人なつっこく温和なダウン症坊や（お嬢ちゃん）達が、成人して将来どのような課題を負って生きていくかを予測して、早期に対応法を工夫し、提案しながら健康管理・生活指導をすることが彼らの幸せに多少とも貢献できるのではないかを考えつつ外来を行っている。

これまでの小児科医は、子どもの病気に主として対応していればよかった。

しかし、現代の小児医療はこの対応のみでは十分と言えなくなってきている。

障害のある子ども達・種々の慢性疾患をもつ子ども達が希望をもって歩んでいける医療が期待されている。

その為には目前の器質的な病気の治療のみでなく、Biopsychosocialに子ども全体を捉えて診ていく医療が、これからの小児科学には求められていると思う。

最後に、私の外来診療でのモットーを一言付言して筆を置く。

『たとえ、発達の遅れているダウン症児（者）を診るときでも、上からの視線で診るのではなく、彼らへのrespectの心をもって診ること』を忘れまいと！」

（良陵同窓会会誌2018: 16; 62-64）

先生が、私たちに託してくださった思いを胸に、仕事に励んでいきたいと思います。

058/100

8年ぶりの診療情報提供書

はるかくんは、同級生とケンカをして暴力をふるい、注意されると自分の頭をたたき、急に飛び出して教室からいなくなってしまう男の子でした。

小学校2年生のとき、学校から勧められて病院に行きました。

小学校では一生懸命同級生に話しかけるのですが、まわりからは、「会話が変」と言われ、からかわれることも多く、そのたびに同級生とケンカをしていました。

「みんな、僕を変な目で見る」

「友だちはいない」

とお母さんに訴えていたはるかくん。

でも、病院に行ってから、同級生に暴力をふるうことを我慢して泣くことで、自分の中で怒りをコントロールする努力をしました。

通っていた病院が移転することになり、主治医の先生は、はるかくんを私に紹介してくれました。

はるかくんは、いつも、私に学校での出来事を伝えます。激しく伝えます。

私は「大変だね〜」「えらいね〜」と相槌をうつだけでした。

そんなはるかくんも、中学生になり、少しずつ自分の感情をコントロールできるようになってきました。

はるかくんの愚痴を聞く役は、お母さん。

私は、はるかくんとお母さんの愚痴を聞くことに徹しました。

そんなはるかくんも中学3年生になり、高校は福祉科を選びました。

高校に入ってから、同級生とのトラブルはなくなりました。友だちもでき、約束していろいろなところに行くようになりました。

そして、高校を卒業し、老人ホームに就職することになりました。

外来も卒業です。

最後の外来では、今までの道程をお母さんと語り合いました。

「主治医だった先生にも報告したいな〜」

懐かしそうに話すお母さんのその言葉を聞いて、私は8年ぶりに、紹介してくれた先生に診療情報提供書を書きました。

診療情報提供書には、はるかくんが自分の感情をコントロールできるようになったこと、友だちが何人もできたこと、やさしい思いやりのある人になったこと、そして老人ホームに就職したことを報告しました。

しばらくして、先生から返事が届きました。


「大変忙しい中、ご報告をありがとうございました。はるかくんのカルテを小沢先生の手紙をきっかけに見直し、思い出しました。

今後の二次障害をとても心配していた子です。

大変難しい時期に小沢先生にお願いをしてしまったのにもかかわらず、この様に立派な社会人となられたこと(しかも福祉職)、本当に小沢先生に感謝の気持ちしかありません。

また、わずかな期間関わっただけにもかかわらず、自分のことを親御様と本人が思い出してくださったことがとても嬉しいです。

本当にはるかくんもお母様も頑張られたことと思います。

今後とも宜しくお願いいたします。」

私は、はるかくんの家に電話して、先生の手紙を読み上げました。

お母さんは、とっても喜んでいました。

先生、お礼を言うのは私です。

紹介してくれてありがとう。

発達障害って、なんでしょう？

高校まで診察していたれんくんが、5年ぶりに外来にやってきました。

お母さんが、できるだけ早く相談したいという連絡があったからです。

お母さんは、焦っていました。

「大人のADHDっていうチェックリストがあって、チェックしてみたら、

『ADHDの症状を持っている可能性があるので、お近くのお医者さんにご相談を。』

って書いてあって、病院の一覧があったんです。

でもまず、先生に相談しようと思って」


れんくんは、高校を卒業したのち、専門学校は中退しましたが、その後バイト生活をしていて、「正社員になれ！」というお父さんのプレッシャーに素直に従い、
ハローワークにも通っていました。

お母さんのあとに、れんくんと話しました。

れんくんは、

「仕事は楽しい。困ったことはない」

と言っていて、

「バイトやって、ハローワークにも行っていて、えらいね」

と私がいうと、照れながらニコニコしていました。

私は、お母さんに説明しました。

「チェックリストに当てはまる人はこの世の中には、五万といる。

発達障害の障害は、ｄｉｓ・ｏｒｄｅｒ。

ｏｒｄｅｒは、注文するのｏｒｄｅｒで、社会規範やルールって意味もある。

それを、ｄｉｓっていなければ、大丈夫。

れんくんは、仕事もしているし、お父さんの忠告に従って、ハローワークにも行っているし、病院行かなくていいんじゃないの」

お母さんは、安堵の表情になりました。

（母）「でも、能天気だし、まったく悩まないんです」

（小沢）「それは、能天気ではなく、今はやりのポジティブシンキングといいます」

（母）「こだわりが強くて、鉄道が好きで、自閉症のほうが近いんじゃないかなと思うんです」

（小沢）「それは、こだわりではなくて、探求心といいます。こんな素直でいい子は、なかなかいないんじゃない」

（母）「そうなんです。本当に素直なんです。だから、余計心配になっちゃんです」


お母さんは、心のもやもやがとれたと言って、喜んで帰っていきました。

「発達障害」って、なんでしょう？

追記：ｄｉｓｏｒｄｅｒの解釈は、あくまでも私見です。

ダンゴムシ

あきとくんは、保育園の年長になった男の子。

診察室に入ると、すぐに「虫は？」と聞いてきます。

以前、診察室でぐずったときに、一緒に散歩に行き、ダンゴムシを見つけて、大喜びしたからです。

それから、虫探しは外来でのルーチンとなっています。

今回は、暑くて陽が照りつけているために、いつものところで虫が見つけられません。

場所を変えて、木の下を掘ると、ダンゴムシをいっぱい見つけました。

そのダンゴムシをつまんで、ニコニコしてお母さんに見せています。

別の場所に行くと、赤いアブラムシが草にびっしりついていて、それを見つけて大喜び。

「お母さん、さすがにお母さんは虫探しに行かないよね。あきとくんは保育園では楽しんでいるのかな」

と私が聞くと、

「保育園では、虫を触って何かあるといけないから、砂場の砂しか触ってはいけないことになっているんです」

とお母さんが教えてくれました。

東京は、子どもにとって、過酷な環境です。

小学校は、門が閉まっているため、放課後や休日にグラウンドで遊ぶことはできないところが多いです。

公園は、ボール遊び禁止のため、ボールを蹴ることもできません。

夏に噴水で遊んでいる子どもの声がうるさいと苦情があったため、噴水が止まりました。

私が過ごした伊豆の天城では、学校のグラウンドで遊び、山で虫取り、川で魚取りをしたものです。川の水が冷たいので、マッチを持っていって、たき火をしながら泳いでいました。

遊びが、私を育ててくれました。

あきとくんは、私の外来でしか、虫探しができないのでした。

公園で、ゲームをしている子どもたちを見かけますが、子どもだけの責任ではないような気がします。

ゲームしかできないのです。

児童館など、遊びの場をつくるように行政の方々もがんばっていますが、もっと大人がゲーム以外の遊びの場を提供しないといけないんでしょうね。

あきとくんは、ダンゴムシをつかみながら、ニコッと笑って、外来をあとにしました。

ありがとう作戦ゲーム

かいりくんとお母さんが、外来にやってきたのは1年前のことでした。

かいりくんは、落ち着きがなく、授業中座っていることはできるけど、集中できません。

診察室では、じっとしていないですぐ診察室を出ていこうとしました。

お母さんが怒鳴ると、うつむいて、ときどきチラッと見て、お母さんの顔色をうかがっています。

お母さんは、

「かいりがスーパーで泣くと、私がパニックになり、過呼吸になってしまうんです。もう、どうしていいかわからない。たたいてしまうんです」

と話してくれました。

私は、子ども家庭支援センターにお母さんを紹介しました。

「一人で抱えていないで、みんなで子育てを一緒に考えよう」

とお母さんに話しかけました。

1か月後、お母さんは、子ども家庭支援センターのアドバイスもあり、かいりくんをたたかなくなりました。

でも、かいりくんとどう向き合ったらいいかわかりません。

私は、お母さんに、ほめることを勧めましたが、どうほめたらいいかわかりません。

お母さんは、今までほめられたことがないのです。

私は、一つ提案しました。

「お母さん、『ありがとう作戦ゲーム』しない？

『ありがとう』と言えたら点数つけるの。『ありがとう』を点数化してみよう」

その提案に、お母さんは、

『ありがとう』と思っても、なかなか言えない気がする」と言いました。

「じゃあ、『ありがとう』と言おうと思ったらプラス1点、言えたらプラス3点、3回言えたらプラス5点にしよう。

今まで、『ありがとう』と言おうと思ったことがない人が、言おうと思ったんだから、プラス1点だよ」

こうして、「ありがとう作戦ゲーム」が始まりました。

1か月後、お母さんは「ありがとう作戦ゲーム」をチェックした紙を見せてくれました。

真面目なお母さん、一つひとつていねいに、チェックしてくれています。

『ありがとう』って言わなきゃと思っていると、自然に手が出なくなったんです」

とお母さんは、教えてくれました。

それから、毎月お母さんは外来に来てくれました。

4か月後、

「毎日書かなきゃと思うと、『ありがとう』をいつも気にするようになりました。

そうしたら、私の過呼吸がなくなり、心療内科の薬が中止になったんです。

心療内科で、『私、浮いてるな』って思えてきて、自分の中で進歩だと思えたんです」

そう話すお母さんの「ありがとう作戦ゲーム」の点数は、かなり上昇していました。


しばらくして、お母さんは、赤ちゃんを産みました。

小さく生まれたけれど、順調に育っています。

先日、赤ちゃんを連れて、外来にやってきました。

「担任の先生が、『お母さん、おだやかになったね』と言ってくれたんです」

うれしそうにそう報告してくれたお母さんのそばで、かいりくんはずっと赤ちゃんをあやしていました。

学校で落ち着いてきたかいりくんは、家でも、ミルクをあげたり、なでたり、ずっと赤ちゃんの面倒をみてくれているそうです。

「お母さん、ここに来てから1年たったね」

そう伝えた私に、

「へー、そうなんだ。もうずっと来ている気がする」

お母さんは、そう答えました。

診察を終え、

「ありがとうね」

とかいりくんに言って、赤ちゃんを抱き上げるお母さん。

何も言わずに、お母さんに寄り添うかいりくん。

診察室は、温かさで包まれました。

人のため

「相馬ふるさとプロジェクト」が、3年目を迎えました。

3年目で、初めて、新幹線に乗って相馬に行きました。

初めて新幹線に乗る子も多く、新幹線では緊張のためか会話も少なく、おとなしくしていました。

相馬の海水浴場に最初に行きました。

去年、ゴミ拾いのボランティアをした海です。

震災後、8年を経て、ついに海開きができました。

空は晴れていて、砂浜では海水浴客もいました。

海水浴場には少しですが、ゴミが落ちていました。

子どもたちは、まずそのゴミを見ると、

「あー、ゴミがある。気になるー」

と言って、海辺で遊んだあとに、自発的にそのゴミを拾っていました。

その後、子どもたちは、伝承鎮魂祈念館で、震災の説明を受けました。

子どもたちの中には、震災のことが記憶にない子もいて、震災や津波の映像に驚いていました。

夜、子どもたちはホストファミリーの家に一〜二人ずつに分かれて泊まりました。

翌日、午前は大野村農園で農業体験、午後は飯館村の方々が住んでいる仮設住宅の草むしりをしました。

仮設住宅には、まだ40世帯の方が住んでいました（2018年8月）。

「放射能が空にいっぱいあったどきに、雪降って、み～んな飯館村に降ってしまった」

「震災前は、日本で一、二の住みやすくて、いいところだったのになぁー」

と仮設住宅の班長が語っていました。

3日目には、海の家の片付けと、ゴミ拾いをしました。

それから、子どもたちは海水浴をしました。

去年、自分たちでゴミ拾いをした海で、思いっきりはしゃいでいました。

ホストファミリーさんが教えてくれました。

少しでも長く家にいたいから、最終日の朝、出発のときに隠れてしまった子がいたこと。

「来年、絶対相馬に来る。絶対ここに泊まる」と言って、ホストファミリーと別れた子がいたこと。

「将来、相馬に住みたいなぁー」と話していた子のこと。


震災を知らなかった子が、津波で亡くなったお父さんの仏壇を、ずーっと見つめていたこと。

「僕は、ただボランティアに来ているのではなくて、震災のことを心の片隅において、相馬を楽しもうと思っています。ありがとうございました」

お別れのときの子どものあいさつの言葉です。

「震災で、多くの人に助けてもらって、『何か人のためになることをしたいなぁ』と思って、このプロジェクトをしています。

皆さんも、将来、人のためになることをしてください」

ホストファミリーのこの言葉を胸に刻み、私たちは、相馬をあとにしました。

相馬の空は、本当に青かった。

宿題

かいくんが外来に来たのは、中学2年生の秋でした。

学校に行くことを渋って、ときどき休んでしまうという理由からでした。

知能検査の結果によると、かいくんは勉強が苦手なタイプで、通知表は2と1でした。

宿題がわからなくて、宿題ができないと学校に行きたくなくなるのです。

私は、かいくんに伝えました。

「かいくんは、どちらかというと勉強が苦手なタイプです。

でも、大人になったら大丈夫。中学の勉強はいりません。

計算は、計算機でするので、筆算はしません。漢字も、大人になると、字を書かないので、みんな忘れていきます。でも、携帯で調べるとすぐ出てきます。

携帯の使い方は、かいくんのほうが、私やお母さんよりよく知っています。

携帯は、外づけの脳みそです。

だから、携帯を使ってわかれば心配いりません。

中学の勉強は難しいので、宿題が解けないのは当たり前です。

宿題は、きちんと提出するという社会のルールを学ぶものと考えて、答えを写してきちんと提出しましょう。

お母さんは、中学のときだけ、宿題をチェックしてくれます。

そのことに感謝しましょう。

そうすると、通知表に1はなくなります。オール2を目標にしましょう」

かいくんは、少し笑ってうなずいてくれました。


中学3年になって、外来にかいくんが来ました。

かいくんは、約束を守り、宿題を写して提出するようになりました。

お母さんの宿題チェックも、文句を言わずに従いました。

学校の行き渋りもなくなり、通知表も1がなくなり、オール2になりました。


「かいくん、えらい。

お母さんもえらい。

このまま継続して、高校を考えていこう」


その言葉に、かいくんとお母さんは、ニコッとしました。

064/100

相馬ふるさとプロジェクトに参加して

「相馬ふるさとプロジェクト」を子どもたちは、どう感じているのか。

「相馬ふるさとプロジェクト」に参加した子どもの作文を紹介します。


「相馬ふるさとプロジェクトに参加して」

私は、参加する前は緊張しました。

特に印象に残っているのは、仮設住宅の草むしりです。

理由は、二つあります。

一つ目は、初めて仮設住宅を見ていて被災者の方々はどんな思いで生活しているのかを改めて感じたからです。

震災直後に家庭に戻れなくなってしまった方々も多く、集団生活をしている事を聞いて驚きました。

また次に移動できる仮設住宅がとても少ないので、8年以上住んでいる人もいました。

二つ目は、草むしりはとても大変で時間がかかりますが、人の役に立てたからです。

暑い中、およそ2時間に及ぶ草むしりは体力がいるので草を抜くのに力が入らず大変でしたが、皆で協力して行ったので、私も頑張ろうと思いました。

今回のふるさとプロジェクトを通して参加した後に感じた事は、ボランティアは誰かを喜ばせるために頑張って行う一つの仕事だと実感しました。

また、今までとは違った経験ができたのでとても光栄に思いました。

来年も、このプロジェクトに参加したいと心から思っています。

ホームステイ先でいろいろお世話になりました。体に気をつけて頑張ってください。

ありがとうございました。


出会いは、すばらしいです。

子どもの作文を読んで、その思いを強くしました。

場面緘黙《かんもく》

のぶひろくんは、学校で緊張してしまい、話せないために私のところにやってきました。

のぶひろくんは、入学してしばらくは、教室に入れませんでした。

でも少しずつ慣れてきて、教室に入ることができるようになりました。

友だちもできました。

学校が楽しくなってきました。

学校は、知能検査を勧めたため、大学の心理学科に行って受けてきました。

知能検査の結果は、知能指数が50と言われました。

緊張して、まったく声を出すことができなかったのです。

その結果をもって、お母さんは教育センターに相談に行きました。

知能検査の結果を見て、相談員から
「お母さん、のぶひろくんは支援級に移ったほうがいい」

と言われました。

担任の先生からも
「普通級では、成長は見込めません」

と宣告されました。

支援級判定になったのぶひろくんは、通級指導教室に行くことができません。

「家では、ひらがなが読めるんです。よくしゃべるんです」

お母さんが説明しても、その説明は届きません。

お母さんは、ショックのあまり、夜になり、のぶひろくんが寝たあとに一人で泣きました。

涙が止まりませんでした。

小学校2年生になり、のぶひろくんは、校長先生の計らいで、制度外ですが、その学校の通級指導教室に週3回行くことになりました。

通級指導教室に通い出してから、のぶひろくんは変わってきました。

少しずつ自信がついてきました。

「新しいところに行っても、すんなりなじめるようになったんです。

スプラッシュマウンテンにも乗れるようになったんです。

家では、学校での出来事を説明してくれます。

授業の様子を詳しく覚えているんです」

お母さんは、必死に説明します。

私は、診察室をのぶひろくんだけにして質問しました。

(小沢)「学校楽しい?」

(のぶひろくん)「……」

(小沢)「友だちと何して遊んでいるの?」

(のぶひろくん)「……」

私は、赤鼻をつけて、輪ゴムのマジックを披露しました。

驚いたのぶひろくん。

「このマジック教えようか」

というと、たちまち笑顔になりました。

小学校1~2年生レベルのこのマジックを、のぶひろくんはすぐに覚えました。

次に、のぶひろくんがお父さんとお母さんにマジックを披露すると、二人ともびっくりして診察室は笑いに包まれました。

私は、両親に説明しました。

「のぶひろくんに遅れがあるかどうかは、今の段階ではわからない。でも、この知能検査の数字はのぶひろくんの本当の能力ではない。数字が独り歩きしてしまっている。

今は、学校も楽しく通っているし、しばらくこのままでいいんじゃないかな」

のぶひろくんに描いてもらった絵は、真ん中いっぱいに家が描かれていて、その家には、とっても大きい笑顔いっぱいの子どもがいました。

「お母さん、この絵はね、家の存在がとっても大きくて、その家が安心できる場所だから、こんなに大きくなって笑うことができるんだよ。

これはのぶひろくんだよ。お母さんとお父さんの子育てがいいからだよ」

お母さんの目に涙が浮かびました。

お父さんは、

「私も小学校5年生まで、しゃべらなかったんです。のぶひろは、私にそっくりなんです」

と教えてくれました。

「のぶひろくん、次に来たときは、また新しいマジックを教えます」

と言うと、のぶひろくんは、目を丸くして、笑って帰りました。

066/100

子ども食堂

土曜日に、仕事をしようと、西八王子駅から島はちに歩いていると、

「子育て応援ひろば―てんとうむし―」

の文字が飛び込んできました。

「子育て応援ひろば―てんとうむし―」は、知り合いの社会福祉法人が立ち上げた新たな事業で、子育て支援や無料塾を行っています。

思わずのぞいてみると、奥から
「あら～、先生」と里親の坂本さんが出てきました。

そこでは、毎月第三土曜日に場所を借りて、坂本さんが中心となって、「ほいっぷ食堂」を行っていたのでした。

「ほいっぷ食堂」は、里親ひろば・ほいっぷが行っている、一人200円で誰でも参加できる子ども食堂です。

部屋に入ると、保育園の園長さん、通園のスタッフなど、知り合いが何人かボランティアで食事作りをしていました。

「ほいっぷ食堂」には、生活が大変な子どもと家族の方々、里親さんと里子さんなど、さまざまな方が来られていました。

ご老人は、一人だと野菜が余ってしまうので、野菜料理がおっくうになってしまいます。

だから、「ほいっぷ食堂」の野菜を楽しみにしています。

支援者も、里親さん、元里子さん、福祉関係者、弁護士さん、議員さんなど、本当にさまざまでした。

食材は、フードバンク八王子、仏教会、会社などが、寄付してくれていました。

私も「ほいっぷ食堂」で、昼ご飯を食べました。

そのおいしさは、食材はもちろんですが、「ほいっぷ食堂」のメンバーがかもし出す、温かさというスパイスなのだと思いました。

笑いが絶えない空間でのひとときはあっという間でした。

里親ひろば・ほいっぷのパンフレットには、サポーターのメッセージが書かれていました。

「ほいっぷにあつまる里親さん、里子さんはみんな、〝気の置けない仲間たち〟。うれしいことも、かなしいこともみんなで分かち合い、子育て・子育ちを楽しんでいます。

そんな集まりにおじゃましたとき、私自身とっても元気をもらいました。

これからも一緒に力を合わせて、里親制度を広め、発展させていきましょう。」

皆さん、「ほいっぷ食堂」に集まりましょう。

「子ども食堂」に集まりましょう。

お母さんに謝れ！

心理士の山田さんが、天国に旅立ちました。

私と山田さんの出会いは、島田療育センターに赴任したときの病棟でした。

利用者さんのマッサージをしていて、私は、山田さんを最初は、理学療法士だと思っていました。

心理士と知ってから、そのことを伝えると、

「心理は何でも屋だからね～～」

と笑って答えていました。

私は、山田さんに一度だけ叱られたことがあります。

外来で診ていた子の診断書をお母さんから頼まれたときに、診断名の欄に「広汎性発達障害」と書きました。

私は、お母さんには、「てんかん」「知的障害」と伝えていたので、お母さんは、その後の心理相談のときに、

「この子は、広汎性発達障害なんでしょうか」

と涙ながらに、山田さんに相談したのです。

そのすぐあとに、山田さんは私のところにやってきて言いました。

「診断は、親にとっては重いんだ。そんないい加減な伝え方があるか！」

私は、山田さんに謝りましたが、

「謝る人が違う。お母さんに謝れ！」

と言われました。

私は、その日の夜に、お母さんの自宅に電話し、心から謝りました。

お母さんは、そんな私を許してくれました。

翌日、そのことを山田さんに報告すると、

「なんだ、次の外来でよかったのに」

と笑っていました。


今は、その子も社会に巣立ちました。

決まったときには、お母さんと山田さんとで喜んだものでした。

遺影のそばには、公認心理師の合格証が飾られていました。

がんと闘いながら、仕事をしながらの試験勉強は、過酷だったでしょう。

山田さん、試験全然だめだったと落ち込んでいたけど、受かっていたよ。

天国で、やすらかにおやすみください。

仲間になる

学校の先生が教えてくれた話です。

家で暴れるだいきくん。

だいきくんは、お母さんが注意すればするほど、暴れます。

そのことを相談された先生は、お母さんに本を読むことを提案しました。

だいきくんは、本を読むのが好きでした。

だいきくんと同じ本を読むことを提案しました。

お母さんは、だいきくんから本を借りて、その本を読みました。

そして、その本のことをだいきくんに話したところ、だいきくんは目を輝かせてお母さんと話すようになりました。

それから、だいきくんの暴力はなくなりました。

学校の先生は、子どもの頃にゲームをやっていたら、お母さんが同じゲームをやってくれて、そのゲームの話で盛り上がったのがとてもうれしかったことから、思いついたそうです。

リビングで勉強している子のほうが、成績がいいというデータもあります。

お母さんと子どもが、仲間になることは大切ですね。

ゲーム

今の子どもは窮屈です。

原っぱなどの遊び場が減り、公園など大人が用意した遊び場は、遊具が少なく、ボールを使っちゃだめなど、さまざまなルールがあります。

そのため、子どもはゲームをするようになります。

子守りをスマホに任せ、ゲームを自由にさせると、ゲーム依存になっていくことがあります。

ゲーム依存にしないためには、スマホやゲームのルールをつくり、さまざまな遊びをしていくことが大切です。

島はちでは、ゲーム・スマホについてのアンケートを行いました。

3歳の男の子のお母さんは、アンケートに答えたのちに、スマホをやめたほうがいいと考えて、子どもといるときにスマホを使うのをやめました。

おばあちゃんにもスマホを使わないようにお願いしました。

スマホのかわりに、夜は、絵本の読み聞かせをしてから眠ることにしました。

絵本だと、

「終わりました。電気消します」

と言ったら、すぐ眠るようになりました。

スマホだと、いつもギラギラしている感じでした。

切り替えもスムーズにできるようになりました。

「お風呂入るよ」

と言っても、

スマホのときには、ずっとスマホを見ていて、無理やりにお風呂に入れていました。

スマホがないと、

「これでおしまいね」

と言うと、切り替えられます。

お母さんが話しかけるのも増えたということです。

最近は、子どもと遊べない親が増えているような気がします。

その子どもが大人になり、遊べない世代が重なっていく世の中は、どうなってしまうのでしょうか?

遊び方を伝えていくことも大切にしようと思います。

070/100

夢ふうせん

日本小児神経学会関東地方会を主催することになり、その準備をしていました。

八王子市コンベンション協会と協力して、できるだけ地元の企業に仕事をお願いすることにして、準備をしていました。

演題募集の葉書の発送は、外注するといくらくらいかかるのか調べてみました。

葉書の印刷と宛名シール貼りの二つの工程があるのですが、企業にお願いすると１枚55〜70円程度かかります。

日野市の社会福祉法人夢ふうせんに相談したところ、１工程８円で引き受けているということでした。葉書の発送は、２工程で16円でした。

作業所は、仕事を受託するのも大変です。

安いので、その分支払う賃金も少なくなってしまいます。

夢ふうせんは、さまざまな取り組みをしています。

夢ふうせんが作ったカレーパンは、2013年「ニッポン全国ご当地おやつランキング」で準グランプリを獲得しました。それから、日野市観光協会、商工会、JA、たましん（多摩信用金庫）などの呼びかけにより、市内７店舗のパン屋さんがオリジナル「焼きカレーパン」を作り、日野市のまちおこしのきっかけになりました。

今回、葉書の発送を、夢ふうせんに依頼しました。

私は、夢ふうせんの仕事を知っていたので、お願いすることができましたが、一般的には、福祉施設がどこにあってどういう仕事をしているのかがよくわかりません。

つながるシステムができるといいですね。

子どもはみている

お母さんから、質問がありました。

（母）「妹がこの子（多動のお兄ちゃん）を、私と同じように注意するんです」

（小沢）「お母さん、娘がままごとをしていたときのことなんだけどさ。

『パパ、またこんなに酔っ払って、こんなところに寝ちゃって。風邪ひくわよ。本当にだらしないんだから。ちゃんと布団で寝なさい！』

ていうのを聞いて、ゾーッとしたんだよね。

子どもってちゃんと大人のすることをみていて、それが正しいと思って、まねするんだよね。

だから、妹さんは、お母さんのまねをしているんだと思う。お母さんが、この子にどう声かけしたらいいか一緒に考えていこう」


子どもは、親がモデルです。

「人のふり見て、我がふり直せ」ですね。

072/100

ケニア

ケニアの「シロアムの園」で活動している、小児科医の公文和子先生と教師のエリザベス・ムンガイさんによる、「ケニアの障害児支援：シロアムの園」という講演がありました。

ケニアは、人口5000万人。

経済は発展してきていて、中流階級のレベルは向上しています。

一方で、スラムには1日1ドル以下で生活する人が多くいます。

貧富の差が広がったため、ひずみが出てきます。

治安が悪くなり、犯罪、テロがみられます。

家電は家にないし、電気はないし、水もないのに、インターネットを使う人たちはいるし、マサイ族も携帯を持つ人が増えました。

公文先生は、2002年にケニアに行き、医師として感染症のコントロールを行っていました。

エイズの人は国際的な支援があり、無料で治療を受けることができます。

一方、エイズ以外の医療が必要な人はお金を払わなければいけません。

公文先生は、本当にケニアに必要なものは何かと自問しながら、臨床に戻りました。

ケニアの現場では、障害のある子どもたちとの多くの出会いがありました。

障害のある子は光が当たりません。

周囲から差別も受けるし、自己肯定感が低い。

親は、子どもたちを部屋に隠したりします。

政府の助けはほとんどありません。

医療施設に行くと、エイズはただなのに、てんかんは高い治療費がかかる。

そんな中、いろんなことは整っていないけど、笑顔で生きている子がいました。

この高度経済成長の中で、生産性とか役に立つこととか考えてしまう中で、助けを必要とする人たちが大切にされる社会が必要ではないか。

そんな思いから、2015年に「シロアムの園」を始めました。

公文先生は、ケニアの不揃いなニンジンと、日本の整ったニンジンを並べた写真を紹介しました。

日本のにんじんはケニアよりスマート。

その意識が障害差別を生んでいます。

最初は、どういう子が集まってくるか何もわかりませんでした。

座ることもできずに、みんなで抱っこしていました。

それから、特別支援学校から車いすが届き、クラウドファンディングでバスやテントを購入し、そして、ついに土地を手に入れることができました。

心の輪がつながっていきました。

「シロアムの園」は、現在（2019年7月）登録84名、待機児50名、登園40名、1日10～18人が利用しています。

スタッフは、医師、理学療法士、作業療法士、教師、保育士、ソーシャルワーカー、事務、アシスタントなどです。

話は、教師のエリザベスさんにかわりました。

部族が障害をどう受容するか。それが問題です。

部族は、障害児は魔術がかかって呪われていると言います。

ケニアの教育システムも問題です。学業での結果を重視します。

一つの教室に多くの子どもがいます。

その中に障害児が入ったときにどうなるか。容易に想像がつきます。

「シロアムの園」では、一人ひとりを大切にする教育を行っています。

学校に行けない子を受け入れています。

エリザベスさんは、最後にギフトくんを紹介しました。

ギフトくんは、寝たきりで、言葉を発することができません。

2015年に「シロアムの園」に一度来ましたが、次に来ることができたのは2018年。

親戚のソーシャルワーカーに勧められ、説得されたからです。

それまで、ギフトくんはずっと家で隠れて暮らしていました。

お父さんはアルコール中毒で、お母さんが家計を支えていました。

ギフトくんは、「シロアムの園」に一年通いました。

お母さんは、ギフトくんが「シロアムの園」に通うことで幸せな気持ちになり、外に行くことに抵抗がなくなりました。

今では、「シロアムの園」が一番大切な場所だと思っています。

ギフトくんは、言葉は出ないけど、いろいろ教えてくれます。

エリザベスさんは、ギフトくんから、大切なことを教わりました。

ケニアがきちんと障害児のケアをして、コミュニティの人たちが理解してくれるようにすること。

それを目指すとエリザベスさんは、語っていました。


最初は緊張していたエリザベスさん。

ギフトくんのことになると、話が止まりません。

通訳をしていた公文先生が話を制止するくらい、熱く語っていました。

ギフトくんの兄弟は四人いました。でも、上の二人は死んでしまい、三番目に生まれてくれた子なので、お母さんは、「ギフト」という名をつけたのです。

ギフトくんは、これからも多くの人にギフトを届けてくれるのでしょう。

もらった人は、温かい心になるという魔法のギフトを。

脱毛クリーム

先日あった我が家の出来事です。

「夏は、『オヤジ臭』に気をつけなくては！」

と娘と妻に言われ、妻がGATSBYを買ってくれました。

朝、ペーパータイプのGATSBYとスプレーを見つけたので、まずスプレーをプッシュして、出てきたムースを頭につけました。

でも、何か匂いが違う。

そう思った私は、そのスプレーの説明書をみました。

すると、それは、ナッ、ナントッ！

脱毛クリームでした。

私は大あわてで、頭を水洗いしたのですが、水洗いでは、脱毛クリームを広げているだけだと気づき、目の前にあった「キレイキレイ泡ハンドソープ」で頭を洗い、脱毛クリームを落としました。

でも、努力の甲斐もなく、頭のてっぺんのうぶ毛は、失われてしまいました。

腹を抱えて笑った妻は、

「誰も気づかないから大丈夫！」

とはげましてくれました。

ハゲも増し、さらに輝き、がんばります。

ぴっぽちゃん

島田療育センターで、地域の方にも開放して行われる、わいわい祭りがあります。わいわい祭りでは、懐かしい顔に出会います。

一人の女の子が、花火を待っているときに、私のところにやってきてくれました。「ぴっぽちゃん」です。

私の著書、『奇跡がくれた宝物「いのちの授業」』(クリエイツかもがわ)で紹介した「ぴっぽちゃん」です。

「ぴっぽちゃん」は、中学のときに不登校でした。

少しずつ、学校に行けるようになって、今は、障害のある子どもたちに関わる仕事をしています。

(ぴっぽ)「こんにちは」

(小沢)「あー、来ていたんだ。調子どう?」

(ぴっぽ)「まあ…、いいです。今、もう少しで介護福祉士の受験ができるようになるので、がんばろうと思います」

(小沢)「がんばってるね〜。えらいね」

(ぴっぽ)「はい」

たったこれだけの会話でしたが、3年ぶりの「ぴっぽちゃん」は、すっかり大きくなっていました。

それから花火が始まりました。

その花火は、「ぴっぽちゃん」の成長を祝っているように、私には感じられました。

「ぴっぽちゃん」

よかったね。

075/100

誇り

わが故郷、伊豆市天城中学校の同窓会が開かれ、参加してきました。私の学年は、120名でしたが、45名近くの参加がありました。場所は伊豆長岡のホテル。なんで、天城のホテルで行わなかったかと聞いたところ、天城には、同窓会を開けるホテルがなくなってしまったということでした。

天城の現状は大変です。伊豆市天城湯ヶ島地区の人口は、私がいた頃の8000人から5000人程度に減ってしまいました。旅館は多くがつぶれてしまい、東京などの大手資本が有名な旅館を買収し、サービスを向上させ、お客さんの単価を上げて、何とか運営しています。

最近は、同窓会や社員旅行などの団体客が少なくなったため、団体客を相手にしなくなったということでした。

農業も、わさび農家しか成り立たず、そのわさびも温暖化の影響で不作です。わき水が17度を超えるとわさびは腐り始めます。温度はぎりぎりで、今に天城のわさびもなくなるかもしれません。旅館の仕事が減ったため、天城の人たちは三島や沼津に仕事を見つけ、通勤しています。

伊豆市の2019年度の出生は113名でした。

今後どんどん子どもも減少していき、伊豆市自身が成り立たなくなるのではないかという危機感でいっぱいだと言っていました。

そんな中、「浅田ファーム」という、自然農法で野菜・コメを作り、がんばっている同級生がいました。

「天城の子らぁは、田舎もんだからって、天城に自信をもてない子が多い。天城に誇りをもてるような、仕事をしないといけないらぁ！」

同級生の熱く語る姿は、中学のときのままでした。

東京ではわからない問題が、みえてきました。

天城のような問題を抱えているところは、全国にはいっぱいあると思います。

「誇り」。

この意味を考えながら、仕事に励んでいきたいと思います。

汗のなやみ

高校生のかんたくんの話です。

かんたくんは、外来でいつも自分の中の悩みを話してくれます。

「汗がすごいんです。タンスの服にも落ちちゃって」

今日の悩みは、汗のことでした。

（小沢）「かんたくん、汗って子どものときから多くなかった？」

（かんたくん）「はい」

（小沢）「学校は？」

（かんたくん）「学校はストレスありません。今はケンカもありません。不安もありません」

かんたくんは、小学校のときは、人とうまくコミュニケーションがとれなくて、いつも先生やクラスメイトのことを激しくののしったりして、なかなか友だちができませんでした。

でも、中学生になり、友だちもできて、クラスメイトをののしることはなくなりましたが、外来では、そのストレスを私に吐き出していました。

かんたくんが、学校でストレスがないと言ってくれたのは、今までで初めてでした。

（小沢）「かんたくん、汗って昔からすごかったんじゃない？」

（かんたくん）「はい」

（小沢）「ということは、汗くらいしか悩みがなくなったっていうことじゃない？

それは、進歩だ！　汗のことは、誰かに言われちゃったりする？」

（かんたくん）「ありません」

（小沢）「じゃあ、Tシャツ着替えたり、GATSBYで拭いたりすればいいんじゃないの。それが女の子に好印象になるかもしれないよ」


かんたくんは、「そうですね」と言ってから、さらに話を続けます。

「小学校の先生に暴言吐いたけど、ずっとあきらめずに僕のことみてくれていたことに感謝しているんです。謝りたいんですけど、いるところがわからなくて」

その当時の校長先生のいるところは知っているということだったので、その先生に手紙を書いて、校長先生に事情を話して、手紙を渡してもらったらと提案しました。

かんたくんは、「そうか！」

と言って、笑って帰っていきました。


かんたくん、成長したなぁ〜。

077/100

可能性は無限大

こうだいくんが、私の外来にやってきたのは、小学校1年生のときでした。

学校では、自分のやりたいことしかしない。やりたくないことを無理にやらせようとすると、教室を飛び出してしまい、教室に入らなくなってしまいました。

教室に段ボールを用意したら、ずっと段ボールに入って出てこなくなりました。

診察の前に、身体測定をしようとすると、「いやだ〜〜！」と言って、逃げてしまいました。

お母さんの誘導により、やっと身体測定ができたと思ったら、今度は、体重計が気に入って、「いやだ〜〜！」と言って、体重計から離れませんでした。

作業療法による運動や感覚の評価をお願いしましたが、走りまわって逃げてしまい、評価はできませんでした。

知能検査の結果は、知能指数70で、私は、知的障害と伝え、教育委員会の判定どおり、知的支援学級がいいのではないかとお母さんに説明しました。

お母さんも、その決定に同意したのですが、こうだいくんは、

「絶対いやだ。今のクラスにいる」

と言って、まわりの説得にも応じませんでした。

2年生になり、授業中に、自分が持ってきた本を読んで教室にいるようになりました。

先生は、その本を取り上げると歩きまわるので、本を読むのを許可しました。

そうしたら、こうだいくんは本を読むことにより、徐々に勉強に興味をもつようになっていきました。まったく書かなかった文字も、徐々に書くようになりました。

中学校の判定も支援級判定でしたが、こうだいくんは通常学級を選びました。

部活はバレー部を選び、お母さんによるとどう見ても一番下手だけど、一生懸命取り組んでいました。テストは、数学は90点でしたが、他の科目は極めて低い点数でした。

高校は、私立の普通科に入ることができました。

こうだいくんは、そこで先生の指導もあり、勉強の楽しさに気づきました。

塾にも行かず、一人で黙々と勉強し、成績はどんどん上がりました。

先日、難関大学に合格したことを報告に来てくれました。

大学では、将棋部でがんばっていて（五段の実力）、楽しいことしかないそうです。

もう、私がこうだいくんにすることはありません。

こうだいくんは、私と固い握手を交わし、外来を卒業しました。

知的支援学級がいいと言ったヤブ医者の私の言うことに従わずに、考えを貫いたこうだいくんとその決定を見守っていたお母さんに、私は多くのことを教わりました。

将来は、公務員になりたいそうです。

人の可能性は無限大。

078/100

同じ親のお腹から生まれたとは思えない

2年前に、帯広で講演会があったときのことです。

帯広には、姉が住んでいます。

せっかくの機会なので姉夫婦にも声をかけました。

私は、3人兄弟の末っ子で、小さいときから姉には頭が上がりません。

いつも何かにつけ注意されていました。

さて、控え室に通されて、待っているときのこと。

講演に呼んでくださった方々は、講演前に、帯広のお菓子をいっぱい私に用意してくれました。

帯広のお菓子は、どれもおいしくて、私はすぐに、全部平らげました。

そこに、姉がやってきました。

「いつも弟がお世話になって……」

というあいさつのあと、とりとめのない話も進み、そろそろ講演会場に移動しようとしました。

すると、突然、姉は、

「ヒロシッ！　そんな汚くして、みっともない!!」

と私を大声で怒鳴りつけました。

テーブルには、お皿に入りきれないほどの、食べ終えたお菓子の袋があふれていました。

「同じ親のお腹から生まれたとは思えない！　恥ずかしい!!」

と叫び、

「本当に、すみません」

と言いながら、そのお菓子の袋を全部自分のバックに詰め込んだのでした。

あたりはシーンと静まりかえり、一同無言のまま会場へ移動しました。


姉夫婦は、一番うしろに座っていました。

目立つことが大っ嫌いな姉なので、私は、

「今日は、姉が来ています。皆さんのうしろに座っています。おねえちゃ〜ん！」

と手を振ると、聴衆の方はうしろを振り向きました。私をにらんでいる姉に
ささやかな復讐をして、講演会は始まりました。

講演会も終わり、姉に感想を聞いたところ、

「仕事はちゃんとやっているのね」

とそれだけ言って、帰っていきました。

帯広の夜は、そのネタで大いに盛り上がり、お酒が進みました。

079/100

勉強しなさい

ひろよしくんは、「授業妨害がひどい。忘れ物がひどい」と言われ、私の外来にやってきました。

お母さんは、いつも一生懸命。

「勉強しなさい」「宿題をしなさい」「お風呂に早く入りなさい」など、子どもに注意ばかりしていました。

私は、

「お母さん、子どもが勉強を嫌いになる一番の方法って知ってる？

『勉強しなさい』って言い続けることなの」

「お母さんが、『勉強しなさい』って注意するのが効果あれば言い続けていいんだけど、言えば言うほど、反抗してきちゃうよね。だったら、言うのをやめてみない？」

とお母さんに提案しました。

お母さんは、一生懸命「勉強しなさい」と言うのを我慢しました。

ひろよしくんは、中学生になり、楽しく学校に通うようになって、問題行動はまったくなくなりました。

お母さんは、先日、外来に来て、

「自分の気持ちを文章にすると、整理できていいんです」
と言って、私にメモをくれました。

「『勉強しなさい』と言わないことにより、不思議な気持ちになります。
子どもとのけんかがなくなりました。
言わなくて、楽ができてしまうことが、また苦しくなることがある。
育児の放棄なのではないか？
反対に『勉強しなさい』と言うことにより、楽をしていたのではないか？
言うことによりほっとしている。とも考えるようになってくる。
『勉強しなさい』は無意味な言葉だと実感。
次の期末テストも期待しない心構えが少しずつできてきた。
子どもを誇りに思えるようになりたい。
勉強ができない子はダメな子なんて思いたくない。」

「お母さん、えらいね」
と私が言うと、
お母さんは、ニコッと笑って、診察室をあとにしました。

080/100

きづなくんは、年少の男の子。

幼稚園が始まりましたが、通うのを嫌がりました。

「いい子にしますから、行かないでいいって言ってください。お願いします」

と毎日、お母さんに泣きながら懇願します。

でも、2週間ほどたち、毎日行かなければいけないとわかると、

「ママ、ボクがんばるからね」

と朝になると、言うようになりました。

お母さんは、毎日しっかりきづなくんを抱きしめました。

やっと、落ち着いてきたかなと思ったのですが、1か月ほどして、夜にかんしゃくを起こすようになりました。

私の外来にやってきたのは、そんなときでした。

きづなくんは、新しいことが苦手です。

私の診察室にも入りたがりません。


私は、きづなくんと両親をグラウンドに連れていきました。

きづなくんは、大喜び。グラウンドを走りまわっています。

その間に、お母さんと話しました。

お母さんは、不安だらけ。

私は、その不安に一つずつ答えて、不安を和らげるようにしました。

その後の外来は、いつもグラウンドにしました。

1年くらいたち、きづなくんは幼稚園で問題がなくなり、家でのかんしゃくも減りました。

「もうそろそろ外来を卒業しましょうか」

と提案したところ、お母さんは、私に手紙をくれました。

小沢先生へ
　その後息子は以前のようなひどいかんしゃくを起こすようなことはありません。

リラックスタイム

気に入らないことや、思い通りにいかないことがあるとギャーギャーと騒ぐことはありますが…。私から見て、他の5歳の男の子に比べ、息子はとてもわがままで甘えん坊だなと思いますが、それも息子の個性として向き合っていきたいと思います。幼稚園のほうでは、とても協調性をもって活動しているようですので、その分おうちでのストレス発散になっているのかな？とも母親なりに解釈しております。

2か月程前から、就寝前お布団の上で〝リラックスタイム〟と名付けた感覚統合をしております。仰向けに寝かせ、金魚体操のように腰をゆるめゆらゆらと。

胸やお腹、背中を優しくさする。

どんなにギャーギャー騒いだあとでも、この時間だけは息子はとても心が落ち着き、

「ママ、世界で一番大好きだよ！」

「いつもありがとう」

など、とても優しい思いやりのある言葉をかけてくれ、同じく私からも息子に伝える時間となります。

あとは、その日の幼稚園の出来事を日中はほとんど話しませんが、この時間には、自分からよく話してくれるので、就寝前の〝リラックスタイム〟は、今では定着し、息子もとても楽しみにしている時間です。

それと同時に私自身もとてもリラックスできるひとときとなっています。

これまで本当にお世話になりました。

ありがとうございました。

〝リラックスタイム〟をつくり、ストレス解消法を見つけたお母さんと子どもはすばらしいです。

我々支援者にとって一番大切なことは、自分で乗り越える力をつけるのを見守っていくことです。

〝リラックスタイム〟。

教えてくれた、お母さんときづなくんに感謝！

081/100

おかたづけ～♪

(母)「はい、おしまいです。おもちゃをかたづけなさい」

(子)「やだー、まだする」

(母)「おしまいって言ってるでしょ！　早くかたづけなさい！」

外来でよく見る光景です。

お母さんは、口は動くけれど、体が動くことはありません。

私は、そういうときは、

「じゃあ、一緒にかたづけよう」

と言って、子どものところに行ってかたづけを始めます。

そうすると、子どもも、一緒にかたづけを始めます。

「おかたづけうまいね～」

と言うと、子どもはかたづけるスピードが速くなります。

そうすると、お母さんも一緒にかたづけ始めます。


「終わった。かたづけ上手だね～」

と言うと、子どもはうれしそうな顔をします。

「お母さんも、かたづけ上手だね～」

「家でも、一緒にかたづけて、徐々にお母さんの手を減らしていったらどう？」

と話します。

そうしたところ、あるお母さんは、

「かたづけ競争やろう。よう一い始め！」

と言って、一緒にかたづけるようになりました。

別のお母さんは、

「おかたづけ～♪　おかたづけ～♪」

と歌いながら、一緒にかたづけをするようになりました。


大人になっても、「あなたっ！　かたづけてっ！」と妻に言われて、一人でかたづけるのは、嫌なもの。

みんなで一緒にかたづけましょう。

「おかたづけ～♪　おかたづけ～♪」

自信をもてる

たけゆきくんは、小学生の男の子。

学校で暴れてしまうということで、私の外来にやってきました。

たけゆきくんは、うまくできないことを、同級生に注意されると、怒って同級生にパンチしたり、首を絞めたりします。

特に、習字をやっていると、イライラしてきて怒りだしてしまいます。

先生たちが止めようとすると、大暴れして先生を殴ってしまい、ある先生は骨折をしてしまいました。

お母さんは、どうしていいかわからず、たけゆきくんを叱ってしまいます。

「俺なんかいないほうがいいんだ。みんな俺なんかいないほうがいいと思っているんだろう。将来、不審者になるんだろう。俺は認知症だ」

と自分を責めます。

でも冷静になると、

「殴ってはいけないんだけど殴ってしまう。すごい、悪かったと思う」

と反省します。

学校の先生とのやりとりの中で、島はちに来た日は暴れないということを聞いた私は、たけゆきくんとお母さんに、一つ提案をしました。

「学校で、たけゆきくんにやってくるイライラ虫をやっつけることを一番の目標にしよう。イライラ虫がやってきたら、先生に報告して、保健室に行ったり、家に帰ってもいい。外来に来て、マジックをやってから、学校に行こう」


それから、たけゆきくんは、週3回外来に来るようになりました。

たけゆきくんは、何回も何回もマジックを練習し、完璧になったら、保健室・担任・通級指導教室の先生・同級生に披露するようになりました。

担任の先生は、お楽しみ会で、たけゆきくんがマジックを披露する場をつくってくれました。

たけゆきくんのまわりに友だちが集まってくるようになりました。

たけゆきくんは、学校で暴れることがなくなりました。

一番暴れていた習字の授業でも、2回で完成させて、そのあと片付けをして友だちとしゃべって待つようになりました。

家でも、片付けるようになりました。

たけゆきくんは、

「片付けできたら、お母さんがほめてくれることがあります」

と言ったので、

私が、

「お母さん、やさしいね」

と言うと、たけゆきくんは、深くうなずきました。

「担任の先生が、『最近は、注意すると、謝ってくれるんです』と涙を流しながら、話してくれたんです」

お母さんが、笑いながら教えてくれました。


先日の外来で、たけゆきくんが、「これ読んでください」と作文をくれました。

しょう来のこと

ぼくはしょう来、自分に自信をもてる大人になりたいです。

今のぼくは、自信をもっていないので、自分をせめる言葉を言ってしまいます。

まわりの人は、

「そんなに自分をせめないで」

と言ってくれます。

そういう時ぼくは、

「そうだなあ」

と思うけどやめられませんでした。

今は、少し自信がもてるかもてないかとまよっています。
なるべくおこらないで最後までがんばれる様にしたいです。
そして自分ができることからしていけばうまく行くと思います。
少しずつ自信をつけていきたいです。
習字をした時
「この文字でいいやぁ」
となっとくすることができました。
その時は、
「くぎりをつけることで自信をもてるんだな」
と思いました。
これからも自信がもてることを少しずつふやしていきたいです。
そして自分をせめる言葉は、少なくしていきたいと思います。

私は、

「たけゆきくん、いい作文だね。持ってきてくれてありがとう」

と言うと、たけゆきくんは、照れながら笑みを浮かべました。

その傍らで、お母さんが笑っていました。

土日にあれる

小学生のあおいくんのお話です。

お母さんが、困り顔で訴えます。

「土日に家であれるんです」

私は、あおいくんの様子を聞きました。

学校、学童ではあれない。

放課後等デイサービスではあれる。

学校、学童では、一対一対応をしてくれている。

放課後等デイサービスでは、自由時間が主で、大人は人数の問題もあり、あおいくんにあまりかまってもらうことができない。

次に家での様子を聞きました。

あれるときは、お母さんが夕食の準備などであおいくんと離れ、一人になったとき。

それ以外は、お母さんはずっとあおいくんと一緒に遊んでいました。

お父さんはというと、とても協力的で、よく外に連れていってくれていました。

私は、お母さんに提案しました。

「お母さん、お父さんはとてもいい子育てをしていると思うよ。

あおいくんは、土日にあれるというよりも、一人になってどうしたらいいかわからなくなったときに、

『僕は、どうしたらいいの?』

って行動で示しているのかもしれないね。

一日のスケジュールをつくってみたらどうだろう。

お母さん、お父さんが関わる時間、お母さんが家事をする時間、お父さんが自分で過ごす時間などを決めて、朝、あおいくんに伝えてみたら。

紙を貼って、視覚的に見せるといいかもね。

一人にしないようにして、お母さんお父さんの自分の時間も確保してみよう」

お母さんは、その話を聞いて、

「やってみます」

と約束してくれました。


外来は、推理小説をひも解くようなものです。

言葉の背景を探していき、解決策を探ります。

うまくいかないこともありますが、そういうときは、

「このやり方はいけなかったという発見ができてよかったね。さあ、次の手を考えよう」

と前向きに話します。

うまくいったときには、お母さん、お父さんをほめ、次へのエネルギーにしてもらいます。


皆さんは、どんな声かけをしているでしょうか？

たわいのない話

先日、はるくんのお母さんから、急に相談したいという連絡があり、外来で会うことになりました。

「はるが、『死んじまえ！』『あっち行け！』『顔も見たくない‼』って私に言うんです。もー、ほんと、やんなっちゃう」

はるくんは、エンカレッジの高校（小・中学校で十分に力を発揮できなかったなどの子どもへの支援教育の場）に入りましたが、コロナの緊急事態宣言中のため、ずっと家にいます。

（小沢）「お母さん、はるくんはどういうときに、『死んじまえ！』って言うの？」

（母）「『課題しないの？』って聞いたとき。まったくしないいんです。いっぱい出ているのに…。ゲームばっかりして。このままじゃ、留年しちゃう」

（小沢）「学校側は、どう言ってるの？」

（母）「それが、まったく何も言わないんです」

私は、お母さんに聞きました。

（小沢）「もしお母さんが、今、はるくんと同じ状況だったら、課題やる？」

お母さんは、しばらく考え込んで答えました。

（母）「やらない。だって、いっぱいあるんだもん」

（小沢）「はるくんは、課題やらなくても、留年しないと思うよ。勉強は、学校に任せよう。

だって、緊急事態宣言中の課題は、すごく多くて、外来の子たちで、今、課題ちゃんとやっている子は、ほとんどいないよ。お母さんは、家を穏やかな空気にすることだけ考えたらいいと思うよ」

（母）「どうしたらいいんですか？」

（小沢）「あいさつ以外、必要最小限のことしか話しかけない。

でも、はるくんが話しかけてきたら、それには答えていいよ。

『○○だね～』とか、共感の返事がいいなぁ。

それから、宿題の話は一切しないでね。

これが、お母さんにとっては一番つらいけど」

（母）「先生、そうなの。言わないってつらい」

（小沢）「でも、家を穏やかな空気にするのが、目標だからね」

約束してくれたお母さんは、1週間たって外来に来てくれました。

（小沢）「お母さん、どうだった？」

（母）「先生、それがね、何にもなかったの。言わないってつらかったけど、我慢した」

（小沢）「お母さん、えらいね。穏やかだった？」

（母）「うん、穏やかだった。不思議なの。はるがね、ニュース見ていたら、2階から降りてきて、私の近くに座ってるの。それでね、たわいのない話を言ってくるの。『コロナ、今日何人だったね』とか」

親にとって、黙っているのは本当に大変です。

でも、その約束を守ってくれたお母さんは、たわいのない話を引き出しました。

たわいのない話ができる。それこそ、穏やかってことなんですね。

「先生に、ほめてもらえると黙っていられる気がする」

お母さんは、そう言って帰っていきました。

できすぎも大変

緊急事態宣言も終わり、学校が始まりました。

外来にやってきた小学校1年生のひでとくんに、「学校楽しい？」と私が聞きました。

ひでとくんは、

「学校、つまんない。だってひらがな何十回も書かされるんだもの。もう行きたくない」

ひでとくんは、2歳のときにひらがなを覚え、今は小学校6年生の漢字をタブレットを使って自分で勉強しています。知能指数は、130あります。

絵日記の課題を、漢字入りの文章で提出したところ、担任の先生は、

「へぇ〜、漢字書けるんだ」

と一言。

先生は、ひでとくんが学校に行きたくないと思っていることは、気づいていません。

お母さんは、モンスターペアレントに思われたくないので、ひらがなの宿題を減らしてほしいと言っていいのか悩んでいました。

私は、

「今、ひでとくんが好きなのは何なの？」

と聞いてみました。

お母さんの話によると、ひでとくんは、今、ビオトープにはまっていて、ヤゴなど水生動物の観察をしているということです。

「ひでとくん、ひらがなの宿題の量を減らしてもらって、そのかわりにビオトープの観察日記を書いてみたら。お母さんは、主治医に勧められたと言って担任の先生に伝えてね」

お母さんは、大学の教官をしているので、レポートの指導はお手のものです。

お母さんとひでとくんは、ニコニコして帰っていきました。

私の知り合いに、小学校のときに、1回もノートをとらなかったという人がいます。

「なんで、ノートとらなかったんですか？」

と私が聞いたところ、その人は、

「あんなわかりきったこと、ばかばかしくて書けるか」

と言っていました。

その人は、今、小児科医をしています。

勉強がわかりすぎるというのも大変です。

一度聞けばわかるので、あとの時間は暇でしょうがない。

暇な時間の過ごし方がわからないので、トラブルになることも少なくありません。

自主学習により自分を高めていくような、勉強が得意な子への特別支援教育もあっていいと思います。

お母さんのおかげ

つばさくんは、学校に行くことができずに、弟や妹を殴ってしまい、注意するお母さんに「死ね！」と言い、暴れてしまいます。

ゲームをずっとやっていて、昼夜逆転していました。

私の外来に来たのはそんなときでした。

ほとほと困ったお母さんは、離れて暮らしているお父さんにつばさくんをお願いしました。

お父さんのところに行ったつばさくんは、お父さんの仕事を手伝うようになりました。

それから数週間してつばさくんは、お母さんのところに戻ってきました。

戻ってきたつばさくんは、朝早く起きて、仕事に行っているお母さんの弁当を作り始めました。

弟や妹と一緒に遊んでくれて、穏やかな時を過ごしました。


外来に来てくれたつばさくんとお母さん。

つばさくんが診察室を出たときに、お母さんが戻ってきて、

「つばさが、『最近、俺のことをわかってくれる人が増えている。そうなったのは、お母さんのおかげだよ』って言ってくれたんです」

と教えてくれました。

お母さんには、自然と笑みがこぼれていました。

親子の距離が近すぎるとうまくいかないことも少なくありません。

好きで暴れる子はいない。

暴れるのは、心の叫び。

子どものよき理解者になるために何をしたらいいのか。

これからもずっと探していきたいと思います。

087/100

不安

高校を卒業したかのんさん。

運転免許を取るために、自動車学校に行きました。

でも、不安が多いかのんさんは、自動車学校が不安で仕方ありません。

私はかのんさんに聞きました。

「どんなところが不安なの？」

「ちゃんと、時間までに教室に行けるか。迷ってしまうことが多いので、教室がわからなくなるんじゃないか心配でたまりません」

かのんさんの不安に、私は答えました。

「かのんさん、時間に遅れたことないでしょ。不安があると、気になって時間より早く着くことができるんだよ。教室がわからなかったら、職員に聞けばいいよ。

かのんさんは、お客さんだから、怒られることはないと思うよ。

一番心配なのは、不安にならないで、時間を忘れてしまうこと。

大学にせっかく合格したのに、親が喜びすぎて、授業料を払い忘れて、浪人した人もいるっていうよ。

不安になっていていいんじゃない？

そのままでいいよ」

かのんさんは、きょとんとした顔をしましたが、そのあとに、ほっとした顔を見せました。

自分を変えようとすると、疲れます。

そのままでいいという心を育てることも大切だと思います。

集団指示

うたちゃんは、保育園に通っている女の子。

言葉の遅れで私の外来に来ています。

お母さんから質問がありました。

「この前、保育園の先生から、突然謝られたんです。

『うたちゃんが、集団指示が入るようになってきたので、個別に声かけるのをやめて、見守るようにしたんです。動きでわかってるなって思っていたんです。でも、巡回相談に来た心理の先生に、今は個別に声かけなきゃいけないんだって、指摘されちゃって。ごめんなさい』って。その先生、謝るときに、泣いていたんです。

私は、『いいんですよ。うたは、とっても成長しているし。気にしないでください』って言ったんですけど、それでよかったんでしょうか」

お母さんは、泣きながら謝っていた保育園の先生を元気づけようと、とっさに答えましたが、お母さんも迷っていました。

私は、

「対応って段階があるんだよね。

うたちゃんに個別に声かけが必要な時期もあったけど、集団指示でみんなと一緒に行動ができるようになっているんだったら、その時期は過ぎたのかも。

先生のように見守っていていいと思いますよ」

うたちゃんは、毎朝保育園を楽しみにしています。

言葉の理解や発語も増え、友だちと遊ぶようになってきました。先生の心のある保育があって、うたちゃんは楽しく過ごせているんだと思います。

我々専門家の言葉は、時に人を傷つけます。
だから、言葉の重みを意識して、伝えなければいけないと思います。
先生が、萎縮してしまって、楽しく保育ができないことが一番いけないことだと思います。

「ほめて伸ばす」

これは、子どもだけでなく、親や支援者にも通じます。

「お母さん、先生に、
『いい保育をしていますよ。だから、うたちゃんは保育園で楽しく過ごせているんだと思います。自信もってくださいね』って伝えてね」
と私が言うと、お母さんの顔は明るくなって、必ず伝えると約束して帰っていきました。

勉強が苦手な個性

外来で話をうかがっていると、勉強に関しての悩みをよく聞きます。

勉強に関しては、さまざまな価値観があります。

中間テストで、70点取ったけど落ち込んでいる子。

その理由を聞くと、

「お父さんから、平均80点以上取らないといい大学に行けないと言われた。だから80点以上取らなければいけなかったのに」

とうつむいています。

また、勉強が苦手で学校に行けなくなっている子。

なんで行けないのか、自分自身わからずにもがきます。

最近、私は知能検査を本人に説明するときに、「勉強が苦手な個性」を話すようにしています。

「ななちゃんは、勉強が苦手な個性をもっている。

でも、その個性のおかげで得られるものもある。

何より、勉強の苦手な子の気持ちがわかる。

それが、やさしさにつながっていく。

また、世の中には、勉強が得意な個性をもっている子もいる。

でも、その個性のために大事なものを失ってしまう子もいる。勉強が得意なために、苦手な子の気持ちがわからない。そのためにやさしさを失ってしまうことがある。

大人になってからの勉強は学校とは違う。

自分の仕事についての学びを重ねていくのが大人の勉強。

高校は自分に合った高校を選べばいい。

小・中学校の勉強が一番大変。

いろいろなレベルの子がいるので、先生はどうしてもレベルの高い子を中心に考えてしまう。

学校の勉強が苦手でも、気にせずに小・中学校を乗り切る方法を考えよう」

その話を聞いて、ほっとしてくれる子がいます。

涙を流して聞いてくれる子がいます。

子どもはみんな大変です。

大人の価値観を押しつけないようにしたいものです。

090/100

泣く

みおさんは、中学生のとき、学校に行けませんでした。

高校は通信制を選び、少しずつ学校に通えるようになってきました。

友だちができて、通える回数も増えてきました。

初めて、学校で友だちに会うのが楽しいと言ってくれました。

ある日、みおさんは、宿題を持っていくのを忘れてしまいました。

そのことを、担任の先生に注意され、みおさんは泣いてしまいました。

そうしたら、

「これくらいのことで泣いてはいけない」

とさらに注意されました。

みおさんは、

「先生、泣かないようにするにはどうしたらいいんですか？」

と眼に涙をためて、私に聞いてきました。


（小沢）「そのことを友だちは、心配してくれたんじゃない？」

（みおさん）「……、はい」

（小沢）「心配してくれた先生はいる？」

（みおさん）「一人、女の先生が心配してくれました」

（小沢）「じゃあ、泣いていていいんじゃないの。泣いたことによって、みおさんの味方がわかったね。味方がもっとわかってくるよ」


みおさんは、驚いた顔をして、私を見ました。

それから、笑ってくれました。

隣に座っているお母さんも、笑いました。


（小沢）「隣にいる人が、一番の味方だね」

みおさんは、お母さんを見て、うなずきました。


泣きたいときは、泣けばいい。

そして、また歩きだせばいい。

クッキー

外来で、小学校1年生から診ていることなさんから、クッキーをいただきました。

ことなさんは、勉強が苦手ですが、友だちがいっぱいいて、その友だちと一緒に過ごしたいので、小・中学校は通常学級で過ごしました。

高校は通信制に進みましたが、就職をどうしたらいいか悩んでいました。

子どもが大好きなことなさん。

私は、知り合いの保育園の園長先生に、外来から電話をかけて、相談しました。

ことなさんは、その保育園で、ボランティアをすることになり、その後、障害者雇用枠で就職することができました。

先日、就職してから、初めて外来にやってきました。

保育園では保育助手をやっていて、園児は「○○先生」と呼んで、寄ってくるそうです。

まわりの先生もみんなやさしくて、わからないことがあると、表を作って説明してくれるそうです。

ことなさんが家に帰ってくると、「今日は○○があったよ」とお母さんに報告してくれるそうです。

クッキーは、ことなさんが、自分の給料で買ってきてくれたものでした。

自宅に帰って、クッキーをほおばると、サクッとした食感のあと、口いっぱいに甘さが広がりました。

通信制の高校に進んだ子どもたちが、障害者雇用枠での就労を目指す場合、その行き先を見つけるのは、容易ではありません。

笑顔が増えていくために、顔の見えるネットワークが広がっていけばいいと思います。

092/100

すごいねー

げんきくんは、年長の男の子。

保育園のことを聞いたときに、お母さんが話してくれました。

「園で寝てしまうんです」

外来では、元気いっぱいなのですが、どんな状況か聞きました。

「今、ひらがなをみんなで読んでいるんです。

園では、遊びの輪の中に入っていけません。

園では、年長になったら、小学校に向けて、ひらがなを教えています。

自分の名前を書いて、貼っているのですが、げんきは書くことができないんです」

げんきくんは、ろうかに貼りだされた名前を一枚ずつ指さしながら、

「すごいねー、すごいねー、すごいねー、…」

とずっと言っています。

自分のところになると、指さして笑いました。

げんきくんの名前は、ぐちゃぐちゃになった殴り書きの丸が、名前のひらがなの数、五つあるだけでした。

げんきくんの知能指数は、50台です。

ひらがなの勉強のとき、げんきくんは、

「事務所に行きたい」

と言いました。

事務所には、おもちゃがいっぱいあるのです。

保育園は、げんきくんにやさしくすると、いつも事務所にいることになってしまい、げんきくんのためにならないと、柵に入れて、無視することにしました。

「せんせぇ～、せんせぇ～」

とずっと呼び続けるげんきくん。

しばらくして、呼ぶ声が聞こえなくなったなぁーと思ってみると、柵で寝ているというのです。

お母さんの目には、涙が浮かんでいます。

「お母さん、げんきくんは、今3歳くらいの成長かな。園で言えば、年少くらい。そうすると、ひらがなは難しいかな。

げんきくんは、年少の子と一緒に過ごしたほうが、小学校につながるような気がする」

特別支援学級を考えているお母さんに、私はそう伝えました。

しばらくして、げんきくんは保育園で暴れるようになりました。

激しく暴れるようになりました。

みんなで相談して、児童発達支援に通うことにしました。

児童発達支援は、理解が苦手なげんきくんに合った活動を考えてくれます。

児童発達支援に移ったげんきくんは、すぐ落ち着きました。

保育園も大変だと思います。

最近は、勉強を期待するお母さんが多くいます。

その声に応えようと、ひらがな・英会話・体操など、保育園も必死です。

でも、私は、なんかなぁ～と感じてしまいます。

笑って、楽しい日々を過ごすことが大切なのだと思います。

合わない環境ならば、合う環境を探していくのも必要かな？

行動実況中継賞賛法

就学相談で面接をしていたときの話です。

ゆいちゃんは、ずっとスマホをさわっていました。

言葉が出ていないゆいちゃんは、人への関心も薄く見えました。

「おもちゃを与えても、すぐおもちゃを投げてしまって、スマホしか興味を示さないんです。スマホも音が出るものが好きなんです」

私は、ゆいちゃんのスマホを取り上げて、輪ゴムを渡してみました。

輪ゴムを持ったゆいちゃんは、輪ゴムを手のひらでもみ始めました。

そのときに、私が、手のひらの動きに合わせて、

「くちゅくちゅくちゅ」

と歌ってみました。ゆいちゃんは輪ゴムをもみ続けます。

もう一つ輪ゴムを渡すと、ゆいちゃんは、手に持っていた輪ゴムを私にくれました。

そのやりとりを見ていた両親は、びっくりしました。

「音に興味があるゆいちゃんには、お母さんがおもちゃの音を出してあげるといいですね。アメリカに行くと1年くらいで、みんな英語をしゃべれるようになるって言うけど、それってい

つも英語のシャワーを浴びてるからだと思います。いわば、実写版読み聞かせですね。

ゆいちゃんの行動に対し、実写版読み聞かせをするといいですよ」

日本人は、○○法という言葉が好きです。

そのため、私は、この方法を行動実況中継賞賛法と名づけて、外来で実際に実演して見せて、それからお母さんにやってもらい、お母さんをほめて、家庭でやってもらえるようにお願いしています。

調べてみると、インリアル・アプローチのパラレル・トーク（子どもの行動や気持ちを代弁する）、ＣＡＲＥ（子どもと大人の関係を強める）、ＰＣＩＴ（親子相互交流療法）など、似た方法がありました。

でも、それは、専門家が対象で、講習や資格が必要だったりします。

子どもの行動を実況中継し、ほめるということは、古くから行われている子育ての基本だと思います。

でも、それができない親が増えています。

ちょっとしたアドバイスで、親は変わります。

子育ては親が楽しまなければ、子どもも楽しめません。


「楽しい子育て」

共に考えていきたいと思います。

094/100

あのときを乗り越えたから今がある

ななみさんは、中学生の女の子。

外来にやってきたのは、自分の髪の毛を抜いてしまうためでした。

待合室では、ななみさんとお母さんは離れて座っていて、髪の毛を抜いてしまうため、ななみさんの頭のてっぺん部分は髪の毛がなくなっていました。

中学校でストレスがあると抜いてしまうため、お父さんは、

「髪の毛を抜くんだったら、中学校に行くな。家から出ていけ」

と、ななみさんを家から引きずり出そうとしたこともありました。

今までとても仲が良かったお父さんとななみさんの会話がなくなりました。

お母さんは、ななみさんが髪の毛を抜かないようにずっと監視していました。

「家族の力では、どうすることもできません。助けてください」

とお母さんは、診察室で泣き崩れました。

次にななみさんを診察室に入れました。

うつむいて座ったななみさんは、小声で話します。

吹奏楽部の友だち関係がいろいろあると教えてくれました。

私は、ひもを使ったマジックを見せて、それからななみさんに教えました。

次にお母さんを診察室に呼んで、ななみさんにマジックを披露してもらいました。

そのマジックは、お母さんと指をつなげたままひもを抜くマジックなのですが、ななみさんはお母さんと指が離れてしまいました。2回目も離れてしまい、3回目にやっとお母さんと指をつなげたままひもを抜くことができました。

「小さいときから、とても弱い子で、私立に入れたほうが楽しく過ごせるかなと思って、私立の小学校に入れました。

とっても明るくなって、友だちも多かったんだけど、小4のときに、

『ななみちゃんは、頭悪いから中学に上がれないんだよ』

と言われ、それからななみが気にしてしまって。

結局、中学校に上がることができずに、中学受験をしたんですけど、みんな落ちてしまって…」

お母さんが、とつとつと語りました。

ななみちゃんは、2週に1回外来に来て、マジックをしました。

マジックをお母さんに披露すると、二人に少しずつ笑顔がでました。

ななみちゃんは、クラスはとても楽しいのですが、吹奏楽部で、ずっと部員から厳しくあたられるのが続いていると言いました。

私は、

「部活辞めてもいいんじゃない。演奏が好きだったら、部活辞めても楽器はできるよ」

とアドバイスしました。

ななみちゃんは、部活を辞める決心をしましたが、顧問の先生に直接言って、認めてもらえなければ辞められません。

悩みに悩んだ末に、勇気をふり絞って、辞めることを顧問の先生に言いました。

それから、学校の問題はなくなりました。


次の外来のことです。

恐竜の骨格が好きなななみちゃんが、玄関に飾ってあった恐竜が風で倒れてしまったとき、
ななみちゃんは、

「誰が、窓を開けた！」

とお母さんのせいにして、怒りました。


1時間ずっと怒っていました。

ななみちゃんが怒ったのは、今までで初めてのことで、お父さんはその姿を笑って見ていました。

お母さんも笑ってそのことを教えてくれました。

それからななみちゃんは変わりました。

お父さんやお母さんに、小さい頃のようにいろいろ話すようになりました。

いつのまにか髪の毛を抜くのはなくなりました。


そして、月日は過ぎ、このたび、大学の推薦入学が決まりました。

あのときを乗り越えたから今がある。

お母さんとそんなことを語り合いました。

095/100

手紙

かんいちくんが、私の外来にやってきたのは6年前のことでした。

小学校1年生のときに、勉強などの失敗があると自分自身が許せません。

テストが95点でもだめ。一つでも×がつくと、極端に落ち込んでしまい、自分の頭をたたいたり、泣いていました。

教室に入れなくなったため、おばあちゃんが上京し、学校に一緒に行って、出られる授業だけおばあちゃんと一緒に受けていました。

文字はまったく書かなくなりました。

私は、いつものごとく、マジックを教えました。

マジックに興味をもってくれたかんいちくんは、まったく無言のまま、マジックを行います。

それを、おばあちゃんに見せて、おばあちゃんを喜ばせます。

少しずつ参加できる授業も増えてきたので、私はおばあちゃんにお腹が痛くなった演技をして離れるようにお願いしたり、あの手この手で学校と協力して、少しずつ一人でいられるように工夫しました。

中学校は、情緒の特別支援学級に入りました。

少しずつですが、一人で行く時間が増えてきました。

張り切りすぎて、しばらく行けなくなってしまうこともありましたが、いつの間にかテストで文字を書くようになり、無事に卒業しました。

3月の外来では、高校に合格したことなど、私の質問にきちんと答えてくれました。

初めて、かんいちくんの声を聞きました。

6年たって、やっとかんいちくんと会話ができました。

それから、おばあちゃんが、私に手紙を見せてくれました。

それは、中学校の担任の先生に書いた手紙でした。

先生へ

まずは3年間多大な迷惑をおかけしてしまったことを謝りたいと思います。

本当にご迷惑をおかけしました。

そして、迷惑をかける度に優しくしてくださったことを感謝しています。

ありがとうございました。

この度、〇〇高校に合格することが出来たのは、先生のお陰です。

ほとんど毎日登校することが出来たのも先生のご助力あってこそのことだと思います。

自分はこの学校を卒業しますが、また様々な新1年生が入学してくると思いますので、自分達のように立派に卒業させることを願っています。

最後に、新型コロナウイルスの影響もあり、修学旅行が中止になったのは残念でしたが、それでも沢山の思い出が出来、沢山の事を学ぶことが出来ました。

これからの高校生活にも活かしていきたいと思うので、先生も頑張って勉強を教え続けてください。

最後の最後に、本当にお世話になりました。

これからもお元気でいてください。

かんいちより

6年間、ずっと外来に来てくれたかんいちくん。

毎回どんなことを考えていたのかな？

ひらがなの宛先

りくとくんは、小学校6年生のときに、私の外来にやってきました。

りくとくんは、保育園では一人遊びが多く、電車を並べ横から見るのが好きでした。小学校に入ると、文字を書くのがとっても苦手で、黒板に書かれた文字を書くことができませんでした。シャワーが嫌いで、お風呂は1~2週に1回しか入らずに、歯を磨きませんでした。身なりが汚く、臭うことから、「バイキン」と言われ、掃除用具のところにゴミ箱とともに押し込められ、ずっと叫び、担任が見つけてくれるということもありました。からかわれたときには、人を威嚇したり、殴ったりする行動が続き、友だちはほとんどいませんでした。私の外来には、中学校をどうしたらいいかという相談のために来ました。

小学校5年生のときに他の病院を受診し、適応障害もしくは統合失調症の前駆状態の可能性があると言われましたが、どうしたらいいかアドバイスはありませんでした。りくとくんの家族は、わらにもすがる思いで、島はちにやってきたのでした。島はちで検査をしたところ、読むことは問題ないのですが、書くのがとても苦手で、学習障害の一つである書字表出障害と診断しました。中学校は、私立中学校を目指し、私は、学習障害の診断書を提出しました。りくとくんはがんばって、私立中学校に無事合格しました。入学後、中学校はさっそく、クラスで学習障害をテーマとする授業を行ってくれました。

お母さんは、外来で、同級生の授業の感想文を見せてくれました。

「びっくりしました。それは私にとってりくとくんはぜんぜん普通だったからです。

りくとくんの字は見た事ないけど、国語のときなど、HRの時とか、せっきょく的に読んでくれたりするし、すごいなと思ってました。

でも、字がなかなか上手に書けないというのはちょっと不便かもしれないけど、文字の意味や読み方がわからないわけではないし、焦らずに少しずつ書く練習がんばってほしいです。小学校の時にあった事など本当にひどいなと思いました。でも、りくとくんはな~んも悪くないし、そんな事はひきずらずに、中学生活の今を楽しんでください。ファイト!!」

中学校は、解答用紙を拡大して、テストを受けることができるようにしてくれました。りくとくんは、人を威嚇することはなくなり、入浴する回数も増え、ふけ取りシャンプーを自分で買うなど、周囲からどう見られているかということも気にするようになり、身なりも改善してきました。

そして、高校3年生になり、うれしい報告がありました。

希望した大学に入学が決まったのです。大学には、文字を書くことが苦手なことを伝えましたが、大学は、

「全然問題ありません。文字書きませんから」

と言ってくれたそうです。

小学校の修学旅行のとき、ひらがなで家にお土産を送り、

「ひらがなでも届くんですね」

と言っていたりくとくん、私もいろいろ教わりました。

島はちに来てくれてありがとう。

097/100

シール

ゆのちゃんは、保育園に通っています。

保育園では、一人でレゴブロックで遊ぶことが多く、集団の遊びには参加しません。

言葉は、一部は出るようになっていて、「シール」を「シ」と言って表現します。

そのため、私が、「『シ』と言ったら、『シールだね』と声かけしたら？」と提案しました。

そうしたところ、お母さんは、怒ったように、「保育園から、『「シ」と言っても、「シール」と繰り返してはいけない』と言われたんです」と訴えました。

私は、まず言語聴覚士さんに確認しました。

言語聴覚士さんは、「『シ』のあとに、『シ』だね。とか『シールだね』と言うのはいいと思うよ」と教えてくれました。

次に、お母さんの了解のもと、保育園に電話しました。

保育園は、お母さんが悩んでいることにまったく気づいていなかったので、驚いていました。

園長先生の話によると、
お母さんは、「シ」と言うと、「シールでしょ！　シールって言いなさい！」と焦って言わせようとしていたので、「無理にシールって言わせなくていいよ」と伝えていたのでした。

私は、お母さんがどう声かけしたらいいか焦って不安になっていたことを話し、「シールだね〜〜」という声かけをするように、保育園から説明してもらうようにお願いしました。

この園長先生は、飲み友だちだったので、すぐ連絡をとれたのですが、これがまったく面識のない人だったら、どうだったでしょうか？

連絡はとりにくいものです。

お母さんの言葉だけで情報が動いていると、いつのまにか誤って情報が伝わっていることがあります。

でも、言った当事者はまったく気づいていないということが多く、当事者の意図とはまったく違った形になって伝わってしまっているのです。

連携で一番大切なことは、気になったことは家族に確認したあとに（個人情報保護法のクリアは絶対必要です）、関係機関に連絡し、情報を確認し、解決策を共に考えるということではないでしょうか？

それが、顔の見えるつながりを広げていく、地域が育つということです。

子ども、家族の悩みは、地域を育てる肥やしになります。

悩みに真摯に向き合い、子どもと家族の笑顔を増やしていきましょう。

北風と太陽

さくらこちゃんは、なかなかじっとしていることができません。冬でも半袖、半ズボン。なぜって聞くと、

「いつも動き回っているから、暑いんだもん」

ずっとしゃべり続けます。

人の話にはわりこんでくるし、大声でしゃべるし、それから高いところを見るとすぐ登ってしまいます。スーパーに行けば走りまわってしまうし、駐車場では何回も車にひかれそうになるし。でも小さい子の面倒はよくみるし、動物や花が大好きで、いつも明るくて元気で、さくらこちゃんを見ていると、まわりの人の笑いが絶えません。

さくらこちゃんが、いよいよ小学校に入学しました。

最初は、授業中に立って歩いてしまうわ、突然、教室の遠くに座っている友だちを大声で呼ぶわ、トイレで友だちと遊んで興奮してチャイムに気

づかず授業には戻らないわ、大捜索されて怒られるわなど、とにかく大変でした。

先生は、さくらこちゃんがときどき立って歩いてしまうため、一番前の席にしてみました。

そして両はじに友だちの机を置き、密着させて動けないようにしました。

でも、さすがはさくらこちゃん、今度は隣の子に話しかけるようになりました。

どのくらい話しかけたのかはわかりませんが、次は一番うしろの席にポツンと一人で座らされました。誰とも話をできなくなったさくらこちゃん、話すことはやめたそうです。

私はさくらこちゃんに聞きました。

「なんで、立って歩いちゃうの?」「だって、○○ちゃんが歩いているのを見たら楽しそうだったんだもん」

「なんで、しゃべっちゃうの?」「同じことばっかりやっていて、授業つまんないんだもん」

「じゃあ、お絵かきでもしていたら?」「お絵かき嫌い! やることないんだもん! 動きたいの!」

学校の先生に、何か別の課題をやれるように配慮をしてもらうこともお願いしましたが、「そんなことはできません」ということでした。

しばらくしてから、私はさくらこちゃんにまた聞きました。

「一番うしろで何しているの?」

「今、鉛筆を削って芯がとがるのが好きなの。だからずっと鉛筆削ってる」

日本の教育は目立ってはいけません。勉強を教える進度は決まっていて、その進度ではすぐわかってしまう子、なかなか理解ができない子も、その進度に合わせることを求められます。その中でみんなと合わせること、すなわち我慢することや背伸びすることを学びます。約30人の子どもを一人で対応しなければいけない先生の苦労も大変なものだと思います。さくらこちゃんの担任の先生はどう対応したらいいかわからずに悩んでいることでしょう。その解決策が見つからずに、そのいらだちが子どもに出てしまうことがあるかもしれません。

勉強が好きな子、スポーツが好きな子、絵が好きな子、花や動物が好きな子、一生懸命がんばる子、友だちにやさしい子、下級生の面倒をよくみてくれる子など、みんないいところはあります。

それをどんどん見つけ、自信をつけてもらい、心を育てる教育が大切だと思うのです。

私は、さくらこちゃんを見ていて「北風と太陽」を想い出しました。北風は思いっきり風を吹かせようとして、旅人にマントを脱がせようとして、北風は思いっきり風を吹かせます。でも強く吹けば吹くほど、旅人はマントを強く持って放しません。心を閉ざします。でも太陽は温かくすることにより、旅人はマントを脱ぎ捨てます。心を開きます。北風の中、耐えることばかり教えていくのではなく、太陽の下でのびのびと育てることが大切だと思うのです。

教室の一番うしろで黙々と鉛筆を削っているさくらこちゃんの姿を想うだけで愛しさがつのります。

でも最後に一言。

さくらこちゃんは、学童では、みんなの先頭に立っていつも動きまわっています。

下級生の面倒見もよくて、学童の先生の期待の星だということです。

今日もさくらこちゃんが叫びます。

「ねえ、みんな！　外で遊ぼう！　太陽の下で思いっきり飛び跳ねよう！」

では皆さん、外に出て太陽の下で思いっきり飛び跳ねましょうか。

ブラームスの子守唄

ブラームスの子守唄を聴くといつもあのときを想い出します。

すみれちゃんのベッドの上に飾られたサウンドメリーは、ブラームスの子守唄の音色をいつも奏でていました。

私がすみれちゃんに初めて出会ったのは、小児病院の集中治療室でした。口唇《こうしん》口蓋《こうがい》裂《れつ》の手術をした後、全身状態が悪化し、なかなか回復しなくて、外科の先生が必死に診ていました。

「落ち着いたら頼む」

ということで、やっと回復したため、私がすみれちゃんを診ることになりました。

すみれちゃんは、寝たきりですが、ニコニコしていて、まわりを明るくしてくれます。すくすくと成長していきました。

そんなある日のこと、すみれちゃんはウイルス感染症にかかってしまい、入院しました。呼吸状態は日に日に悪くなっていき、ついに、肺がどんどん硬くなり、呼吸ができなくなってきました。

できる限りの治療をしましたが、回復の見込みはなく、私はできるだけご家族と一緒にベッドのそばにいるようにしました。

私がすみれちゃんにできることは、もうそれしかありませんでした。

お母さんが休憩に行ったときのことです。

おばあちゃんが、私に教えてくれました。

お母さんが学生のとき、今のお父さんと知り合い、結婚の約束をして学校を辞めてしまったこと、お母さんのご両親がそれに怒って勘当同然で結婚したこと、連絡さえ途絶えていたのが、すみれちゃんが生まれたことによって、お母さんのご両親も必死になって子育てに協力するようになったこと、すみれちゃんが家族をつなげてくれたこと。

それからさらに、おばあちゃんは話を続けました。

「公園デビューのあと、ママが、私に泣きながら電話をかけてきたんです。

『みんな顔をのぞき込んで声もかけずにいなくなるの。どうして！』って」

それを聞いて私はわかりました。だから危険を冒してまで口唇口蓋裂の手術をしたのだと。

障害といわれている個性をもった子どもたちとの出会いがなければ、子どもたちのことはわかりません。子どもたちのやさしさ・すばらしさはわかりません。

障害といわれている個性をもった子どもたちとの出会いがなければ、親の悲しみや喜びはわかりません。

障害といわれている個性をもった子どもたちとの出会いが今までなければ、私はどのように声をかけたらいいのか戸惑うことになったでしょう。

どれくらい時間がたったでしょうか。

…静寂の中、モニターの音だけが響きます。

心拍を刻むモニターの音が徐々にゆっくりになっていきます。

「すみれ！　すみれ！」

みんなが泣き叫ぶ中、お父さんはサウンドメリーを必死に回しました。

聴こえてきたのは、すみれちゃんが大好きなブラームスの子守唄でした。

モニターの音が止まり、私は命の終わりを告げました。

泣き叫ぶ声とブラームスの子守唄だけが病室に響いていました。

最期のときもすみれちゃんはみんなの中心にいました。

安らかな笑みをうかべながら…。

100/100

叱る

「ちゃんと仕事やってるの」

それがおばちゃんの口癖でした。親戚みんなで飲んで酔っ払ったときは、携帯電話をおばちゃんの車に落としてしまい、

「人の命を預かるお医者さんがそんなことでどうするの！　しっかりしなさい！」

とえらい剣幕で叱られたものでした。私には叱られた記憶ばかりが残っています。

ある日のこと、母から電話がかかってきました。

消え入るような声でした。

おばちゃんが直腸がんになったこと、がんが肝臓に転移していて余命1年だと言われたこと、そして最後にこう聞いてきました。

「浩、どうなの。大丈夫よね」

私には返す言葉が見つかりませんでした。

母が一つの言葉を待っているのはわかっていました。しかし、しばらくの沈黙の後、

「それだけではわからない」

そう言うのが精一杯でした。

それからおばちゃんを見舞いに行きました。

おばちゃんは、元気な声で、

「浩くんのうそつき」

会ったとたんの一言がそれでした。

母の血縁には今までがんの人がいなかったため、酔っ払ったときに

「おばちゃんたちは、がんにならんぞ～！」

と叫んだことがあったからでした。

そして、そのあとにこう言いました。

「がんセンターも勧められたんだけど、説明してくれた市民病院の先生が浩くんに似ているのよ。雰囲気がそっくり。だから市民病院で診てもらうことにしたの」

その後、おばちゃんは入退院を繰り返し、みるみるうちに痩せていきました。ある日、母は私にある民間療法のことを聞いてきました。

「そんなの効くわけがない」

出かかった言葉を押し込み、

「俺にはよくわからない。医学的には効かないような気がするけど、医学を超えたものってあるからね」

わらにもすがる思いの母に、私は、とても言えませんでした。

再び病院におばちゃんを見舞いに行ったときのことです。

「仕事忙しいのに悪いわね。仕事どう」

と逆に心配される始末。そして
「浩くんに似た先生、異動で大学に戻っちゃったのよ。いやんなっちゃう」

私は自分が責められたような…、そんな気持ちでした。

わらにもすがる思いは私だったのです。

がんは、ますますおばちゃんをむしばんでいきました。食べることができなくなり、液体の経腸栄養剤しか受けつけなくなりました。主治医に勧められて買ってきた経腸栄養剤が口にあわなくてなかなか飲めないでいると聞き、私は急いで別のものを買って届けに行きました。おばちゃんは、

「おいしい！　これなら飲めそう」

と言って、その場で半分飲み干してくれました。それから私に聞いてきました。

「浩くん、お腹がはるんだけど」

「おばちゃん、体のいうとおりにしてみたらどう？

お腹がはったときには横になって、落ち着いたら座ってみたら。

体に逆らわないでいると楽だよ」

「ありがとう、そうしてみる」

この会話がおばちゃんとの最期になりました。

正月は仕事で実家に帰ることはできませんでした。正月が明けた朝、母から電話がありました。

おばちゃんが亡くなったことを知らせる電話でした。

そのとき、母は教えてくれました。

おばちゃんは、

「浩くんが買ってきてくれたものだから。おいしい」

と1日1パック経腸栄養剤を飲んでいたこと。

おばちゃんの希望どおり、正月は例年のように親戚がおばちゃんの家に集まったこと。

みんな酔っ払って、例年どおりの楽しい正月だったこと。

おばちゃんは一人ひとりを叱っていたこと。そしておばちゃんが、

「浩くんはいいお医者さんになった、いいお医者さんになった」

と母に伝えていたこと。

朝、眠るようにして旅立ったこと。

それは、とても穏やかな寝顔だったこと。

私は、ついにおばちゃんからは一度もほめてはもらえませんでした。

たぶんおばちゃんは、メッセージを母に託したのでしょう。

「いい医師になれ」と。

お葬式には、会場に入りきれないほどの多くの人が参列していました。

そしてみんなが口々に語っていました。叱られた想い出を…。

ママさんバレーで、おばちゃんに叱られて、それからチームが一つになったこと。

娘の高校のバレー部が東海大会に行ったとき、おばちゃんが叱咤激励して、徹夜でみんなで横断幕を作り上げたこと。


「叱る」。

これはまわりに認められていなければできないことです。

まわりに認められるためには誰よりも働かなければいけません。

そして愛していなければ、愛されていなければできません。

おばちゃんの「叱る」は、温かさがありました。愛がありました。

おばちゃんは、最期までみんなを包み込んでいました。


「ちゃんと仕事やってるの。しっかりしなさい」

今日もおばちゃんは、空から私を叱ってくれます。

あとがき

私は、都立八王子小児病院に勤めていました。都立八王子小児病院で、ずっと子どもたちを診ていくつもりでした。しかし、都立八王子小児病院は、都立小児総合医療センターに移転することが決まりました。都立小児総合医療センターは、高度先端医療の病院であり、子どもたちをずっと診ていくことはできません。子どもたちをずっと診ていくためにはどのようにしたらいいのか。私は、療育機能を備えたクリニックをつくれないかと考えました。でも、療育施設で働いたことがない私には、どのようなものをつくったらいいのか、皆目見当がつきません。そのため、島田療育センターで働きたいと思い、数年だけ働かせてほしいと木実谷哲史院長（現名誉院長）にお願いしました。木実谷先生は、私のわがままを、快く引き受けてくれて、島田療育センターで働くことにしました。

働き出して、1か月たったとき、私は木実谷先生に呼ばれました。

「小沢先生、一人で療育施設をつくるのは大変だよ。先生は、犯罪に絡まなければ何をやってもいいから、島田に残ってくれないかな。もし、八王子で働く機会ができたら、先生にお願いするから」と言ってくれました。私は、その木実谷先生の一言で、島田療育センターに残ることにしました。

都立八王子小児病院の跡地に、療育機能を備えたクリニックをつくれないかと、島田療育センターに相談があったのは、都立八王子小児病院が移転する前のことでした。それから、東京都、八王子市、医師会、患者さんの家族など、本当に多くの方々のご協力により、島田療育センターはちおうじは、2011（平成23）年4月に歩みだしました。

島田療育センターはちおうじが歩んだこの10年、台町4丁目の方々、ベトナムの子ども達を支援する会、相馬市の方々などさまざまな出会いがありました。さまざまな別れがありました。

この本は、その歩みをつづった本です。多くの方々に支えていただき、10年間歩むことができました。

島田療育センターはちおうじを育ててくれた皆様に感謝いたします。

そしてこれからも、島田療育センターはちおうじをよろしくお願いいたします。

この本の出版にあたり、多大なる協力を賜りました、クリエイツかもがわの田島英二さん、岡田温実さんに深謝いたします。

2021年11月

島田療育センターはちおうじ所長・小児科医師　小沢　浩

◎**プロフィール**

小沢　浩（おざわ ひろし）

静岡県に生まれる。天城湯ヶ島町立（現伊豆市）湯ヶ島小学校、天城中学校、静岡県立韮山高等学校、高知医科大学医学部（現高知大学医学部）を経て、2011年より島田療育センターはちおうじ所長、小児科医師。

著書に『愛することからはじめよう──小林提樹と島田療育園の歩み』（大月書店）、『奇跡がくれた宝物「いのちの授業」』（クリエイツかもがわ）。小沢浩・大高美和編集『おかあさんのレシピから学ぶ 医療的ケア児のミキサー食』（南山堂）、尾本和彦・小沢浩編著『小児の摂食嚥下障害と食事支援』（医歯薬出版）、宮尾益知・小沢浩編集『言語聴覚士のための基礎知識 小児科学・発達障害学 第3版』（医学書院）。

“輪”を“和”でつなぐ
「島はち」診察室100のものがたり

2021年11月30日　初版発行

著　者●©小沢　浩

発行者●田島英二
発行所●株式会社 クリエイツかもがわ
〒601-8382 京都市南区吉祥院石原上川原町 21
電話 075(661)5741　FAX 075(693)6605
http://www.creates-k.co.jp
郵便振替　00990-7-150584

デザイン／佐藤　匠
印刷所●モリモト印刷株式会社
ISBN978-4-86342-321-3 C0036　printed in japan

a life　18トリソミーの旅也と生きる

藤井蕗／著

「長くは生きられない」難病の子どもたち、家族の生活は？ つらさや苦しみは？ 何に励まされ支えられているのか？子どもと家族を支えるチームは、どのようにできていくのかを知ってもらいたい。病気や障害を抱えたすべての子どもたちや家族が、1日1日、その子らしく生きることができるように。 2200円

スマイル　生まれてきてくれてありがとう

島津智之・中本さおり・認定 NPO 法人 NEXTEP／編著

重い障害があっても親子がおうちで笑顔いっぱいで暮らす「当たり前」の社会をつくりたい。子ども専門の訪問看護ステーション、障害児通所支援事業所を展開するNEXTEPのユニークな取り組み！

1760円

わたし“前例”をつくります　気管切開をした声楽家の挑戦

青野浩美／著

声楽家をめざした日々、発病、宣告、気管切開…。家族や支援者に支えられ、喉に穴の開いたやんちゃな歌姫が、声をとりもどし、歌い、語り出す。 1980円

たんの吸引等第三号研修（特定の者）テキスト
たんの吸引、経管栄養注入の知識と技術［改訂版］

NPO法人医療的ケアネット／編　高木憲司・下川和洋・江川文誠・三浦清邦・北住映二・石井光子・二宮啓子・勝田仁美／執筆

「子どもから大人まで」の画期的な研修テキスト。研修講師経験豊かな「重症児者支援・医療」第一線の執筆陣。「関連コラム」で広く、深く学べる。「医療的ケア児支援法」成立、2021年4月からの基本報酬の創設、加算・拡充を反映。 2640円

医療的ケア児者の地域生活を支える「第3号研修」
日本型パーソナル・アシスタンス制度の創設を

NPO 法人医療的ケアネット／編

24時間、年齢に関係なく医療的ケアも含めた公的な生活支援、当事者が支援内容と雇用を行うパーソナル・アシスタンス制度の創設を！ 1540円

障害の重い子どもの発達診断　基礎と応用

白石正久／著

障害に焦点化して理解されがちな「障害の重い子ども」。発達検査の手技、発達診断の視点の検討を通して、何がどのように見えるのか、何を見落とさず読み取るべきかを議論しよう。 2640円

病気の子どもの教育入門　【改訂増補版】

全国病弱教育研究会／編著

入院している子どもたちが学ぶ「病院の中の学校」を知っていますか？ 学びたいという子どものねがいによりそう教育実践を教科ごとに紹介し、病気の理解と配慮、医療との連携など、教育システム改革を提起。 2640円

ヘレンハウス物語　世界で初めてのこどもホスピス

ジャクリーン・ウォースウィック／著　仁志田博司・後藤彰子／監訳

日本にも生まれつつある、難病や障害のあるこどもと家族の「こどもホスピス」「レスパイト施設」開設のバイブル！脳腫瘍で重い障害を残したヘレン、フランシスとの奇跡的な出会いと難病の子どもたちの「ヘレンハウス」設立と運営、その後の感動的な物語。 2640円

http://www.creates-k.co.jp/